AF345955

CONVIÉRTETE EN UNA PERSONA DE ÉXITO

LOS PASOS PARA SALIR DEL INFIERNO Y TOMAR EL CAMINO DEL ÉXITO

AARÓN CASTRO

Título: Conviértete en una persona de éxito
© 2020 Aarón Elias Castro Pulgar

Autoedición y Diseño: 2020 Aarón Elias Castro Pulgar.
Primera edición: enero de 2020
ISBN: 978-84-18213-02-1
Depósito legal:TF 91-2020

Testimonios

"Este libro es lo que necesitaba, para tener esa fuerza interna, que me motivara a salir de mi zona de confort, para tomar acción y así, poder cumplir mis sueños; sé que voy a llegar y no pararé hasta lograrlo; y todo gracias a la motivación y las herramientas, que este libro me ha ofrecido, para poder avanzar en mi camino".

Carolina Estévez - Autora de la trilogía "Tu naturaleza interior".

"Si quieres ser una persona de éxito, este es tu libro. No busques más, porque en este libro, Aarón te va a dar todas las herramientas, para que consigas tener éxito, en todas las áreas de tu vida. Es un libro fantástico, gracias".

Lara Pastor - Autora de la trilogía "Sé Libre".

"Este libro, es como una mochila repleta de herramientas, para llevarte por el camino del éxito… y ¡hasta la misma cima!. Aarón, te guía paso a paso, para que salgas del infierno en el que te encuentres y puedas catapultarte hacia el cielo, donde mereces estar".

Josep Molina Secall - Autor de la trilogía "Tus Tres Reyes Magos".

"Un libro inspirador, que te hace abrir los ojos y ser consciente de la realidad, impulsándote a realizar tus sueños. Un autor con gran madurez, que a su pronta edad, muestra los pasos y técnicas, para afrontar cualquier adversidad".

César Vázquez Yáñez, Policía local y autor de la trilogía "Haz historia".

"Cada línea de este revelador autor, te hará detenerte en la lectura, reflexionar, pensar, sentir, vibrar y recomponerte. Te encuentres en el nivel que sea de tu vida, no hay duda de que este libro, sacará tu máximo potencial. Pasarás a ser una nueva persona y asimilarás, que puedes conseguir todo aquello que te propongas. Su fácil lectura, hará que lo lleves de manual, allá donde vayas. Aarón, eres sin duda, un ejemplo de éxito y superación personal, a tu corta edad. Gracias amigo, por todo lo que aportas a los demás. Solo puedo estar agradecido, por la gran persona que eres".

Manuel Oller. Empresario y escritor.

"¡Impresionante!, poco más se puede decir de este libro y su autor. Aarón, impresiona y sorprende por su juventud, madurez y por todo lo que tiene que aportar. Si lo que estás buscando, es cambiar tu vida y conseguir el éxito con mayúsculas, únete a Aarón y lo conseguirás".

Rosa M. Vázquez Lagos.

Conviértete En Una Persona De Éxito

¿Has sufrido mucho hasta ahora? ¿Has estado buscando las respuestas de tus problemas y no has podido encontrarlas? ¿Tienes el deseo de vivir una vida maravillosa?

Este libro es el indicado para todas aquellas personas que están viviendo el infierno de su vida. Para esas personas que se han que dado estancadas, que no saben que hacer, que parece que su vida es un calvario y que desean salir del infierno para vivir la mayor transformación personal de sus vidas.

Vive Una Vida Llena De Éxitos

La guía práctica que te enseñará a vivir como viven las grandes personas de éxito. Aprenderás a vivir como ellos, a rodearte con ellos y pensarás como ellos hacen. Vas a vivir la vida que tanto has deseado y que te mereces: UNA VIDA LLENA DE ÉXITOS.

Una guía detallada, basada en años de investigación, descubriendo los comportamientos, secretos, rutinas y hábitos que grandes referentes en distintas áreas, han tenido y que les ha llevado a triunfar en sus vidas.

¡NO TE QUEDES ESTANCADO, VE MAS ALLÁ Y COMIENZA A VIVIR UNA VIDA LLENA DE ÉXITOS!

Sé Un Emprendedor De Éxito

¿Has estado esperando por mucho tiempo a tu libertad financiera? Esta es la guía indicada para todos aquellos que quieren ser emprendedores de éxito.

Es donde aprenderás las claves para tener éxito en los negocios, habilidades que necesitas tener, formas de gestión de dinero y donde vas a adquirir la MENTALIDAD MILLONARIA que te llevará a la LIBERTAD FINANCIERA.

¡EL MOMENTO DE SER LIBRE FINANCIERAMENTE HA LLEGADO A TU VIDA!

Contenido

Gracias Eva por darme la bendición antes de empezar este camino.

Gracias Aina por el diseño de la portada.

Gracias Manuel por enseñarme todo esto.

Gracias Lain por ser una bendición en mi vida.

Gracias papá y mamá por apoyarme en esto, no me olvido de ustedes. Los quiero mucho.

Prólogo de LAIN

ÉXITO es una palabra que normalmente causa controversia. Y lo hace porque siempre se ha asociado éxito al dinero, pero no tiene por qué ser así, y tampoco hay que sacar al dinero de la ecuación.

Éxito es lograr lo que deseas y sentirte realizado con ello. Si lo logras, serás exitoso.

Conseguir los anhelos de tu alma es hacer que sientas que tu vida tiene sentido. Pero creo que cada uno debe definir lo que es éxito para él, pues es algo muy personal y subjetivo.

Mientras para una persona es montar un negocio y volverlo millonario, para otra es tener una familia con tres hijos, y para otra es tener un cuerpo sano, o para otra es poder viajar por todo el mundo conociendo todas las culturas del planeta.

¿Qué es éxito para ti?

Sea como sea, lo más importante es no venderte por un ideal de la sociedad, sino escucharte mucho a ti mismo y saber que es lo que tú quieres de verdad, cuando no tienes que agradar a nadie ni cumplir con sus expectativas. ¿Qué quieres de verdad en tu corazón?

Desde ahí, puedes lograr lo que deseas, pues estarás siendo honesto contigo y tus valores, y eso te hace imparable.
Sea como sea, para poder superar tu situación actual y

llevarla a un lugar superior, debes aprender a transformarte y seguir unas pautas. Si haces esto, podrás alcanzar cualquier propósito que te pongas.

Nada llega a nuestras vidas por casualidad, tampoco este libro. Si lo tienes en tus manos aprovéchalo, pues seguro que contiene las llaves para poder pasar a la siguiente fase de salud, energía, vitalidad, abundancia y relaciones prometedoras.

Gracias Aarón por escribirlo y a ti, amado lector, por leerlo.

TE AMO.
LAIN, autor de la saga LA VOZ DE TU ALMA.
www.lavozdetualma.com

PARTE I.
Introducción

Introducción

¡Bienvenido al cambio que te llevará al éxito!

¿Estás ahora mismo perdido, sin un rumbo claro esperando a ver si cae algo del cielo, que pueda sacarte del hueco en donde estás ahora mismo? ¿Has estado leyendo libros, haciendo cursos, viendo videos, buscando por internet la respuesta correcta que te lleve al éxito? ¿Verdad que se siente como si estuvieras en un callejón sin salida y que nunca saldrás de esta crisis?

Querido amigo, probablemente has estado buscando por mucho tiempo algo que te ayude en tu vida, la respuesta a tus males, una guía que te lleve a encontrar tu mejor versión. Quizá, has estado mucho tiempo viviendo con un dolor en el corazón, resultado de todas las cosas que te han sucedido en tu vida. Ahora estás aquí, frente a este libro que ha llegado a ti para ayudarte, un libro que será tu mejor amigo, tu fiel compañía hasta el final.

Este libro no es uno más del montón, este libro está escrito para todas esas personas que quieran dejar atrás todo lo malo y empezar a ser exitosas en sus vidas. Está escrito

El camino hacia el éxito

desde el corazón, con un sentimiento profundo de ayudarte a construir una vida mejor. Probablemente seas joven como yo y estás empezando a independizarte, pero todavía no sabes a dónde ir, ni sabes que hacer. Este libro trata de cómo convertirse en una persona de éxito, en un ganador y salir del infierno en el cual vives. Vas a ser una persona capaz de cambiar su vida y empezar a vivir con libertad. Vas a aprender a cómo empezar este cambio, a comenzar a tomar pequeñas acciones día a día, a ver tu interior y descubrir que todo el éxito está en ti y que puedes llegar muy lejos…. Más lejos de lo que piensas. Con este libro busco darte las pautas y herramientas que necesitas para ser un ganador.

¿Te imaginas vivir una transformación, que te haga una persona de mucho éxito? ¡ESTÁS A PUNTO DE SER PARTE DE ESTA TRANSFORMACIÓN!!!

¿Cierto que te has sentido solo y que quizás en este momento lo estés sintiendo?

Todos hemos pasado por eso, hemos estado solos en algún momento de nuestras vidas. De seguro que te ha pasado a ti como a mí me ha pasado, has estado en situaciones apocalípticas donde nadie te ha ayudado, no veías la luz al final del túnel; y pensaste que nunca encontrarías a una persona, que te ayudase a liberarte de todos esos males que viven dentro de ti.

"Ven, acércate, que te cuente lo que vamos a hacer." - Pablo Alborán.

El camino hacia el éxito

1

Te acompañaré en este camino, veremos que somos más grandes que nuestros obstáculos. Tú serás participe de tu cambio y tú alcanzarás el éxito que por tanto tiempo has deseado. Saldremos del "INFIERNO DANTESCO" donde has estado todo este tiempo. Saldremos de ese infierno que te ha querido destruir, que te ha manipulado para que no salgas adelante.

Puede ser que hayas tenido depresión, algunas rupturas, quizás estés queriendo emprender en algún negocio, pero no has logrado desarrollarte cómo persona. He estado en el infierno y he logrado salir. Tú también puedes hacerlo y aquí estaré contigo.

Vas a convertirte en una persona totalmente nueva. Serás un ejemplo a seguir para toda tu familia, podrás guiarlos, vas a ser su ángel guardián. Tú y tu familia, estarán muy orgullosos del avance que han logrado hacer. Serás una historia de superación, tú y los demás verán cómo has luchado, como un gladiador para renovarte.

¿Te sientes cómodo ahora mismo? ¿Sientes que todo va bien y que no tienes que hacer nada?

CUIDADO, estás ahora mismo en un INFIERNO DISFRAZADO. Piensas ahora mismo que así como estás vas bien. Ves a tu entorno y dices: *Estoy seguro, tengo un techo, dinero suficiente y comida. Estoy vivo...*
No debe ser así. Ahora mismo estás conforme con lo que

El camino hacia el éxito

tienes y lo que eres, estás siendo manipulado y no estás pensando en crecer.

Lamento decirte que algo no va bien, estás en riesgo de quedarte ahí el resto de tu vida y ser parte de las masas. Si sigues viviendo en ese infierno disfrazado, no serás una persona de éxito.

Aun así, tengo buenas noticias para ti:
Tú eres afortunado de tener este tesoro en tus manos, vamos a salir de ese infierno. Vas a ser una persona que va a por más y que deja el mundo mejor de cómo se lo encontró. No importa el tamaño que tengas, lo que importa es el tamaño de tu corazón.

Vas a construir una historia maravillosa, vamos a rescatar todas esas llaves que diste por ahí de tu autoestima. Esas llaves que has perdido, pero que van a regresar a ti para siempre. Rendirse no es una opción, tú eres un gladiador.

Te voy a confesar algo: esto no ha sido fácil. Créeme que he pasado por muchas tormentas para poder escribir estas líneas, que tienen como objetivo ayudarte a superar todo obstáculo que encuentres. He tenido que vivir momentos difíciles, de tristeza muy profunda. Me ha tocado convertirme en un ave fénix en varias ocasiones, me ha tocado resurgir de mis cenizas para ser aún más grande. Gracias a mucho tiempo que he dedicado a investigar, gracias a que he aprendido de mis mentores y me he formado y que me sigo

formando, tengo la oportunidad de estar aquí enseñándote a ser grande. Tú también puedes ser un ave fénix.

Llevo desde que era un niño aprendiendo el comportamiento de personas de éxito. Llevo siguiendo de cerca lo que han hecho personas, que han logrado alcanzar lo que se han propuesto, cómo: Tai López, Grant Cardone, Mario Luna, Josef Ajram, entre otros. Actualmente, sigo aprendiendo de ellos, día a día busco nutrirme de información, que me lleve a tomar acción y me convierta en una persona ganadora. Quiero inspirar a los demás y si tú me sigues en esta aventura, tú también inspirarás a muchas personas. ¡Ayudemos a construir un mundo mejor!

Quiero que seas sincero contigo mismo y que aceptes que debes aprender para hacer, y que luego toca aplicar todo lo aprendido. Quiero que NO le pidas permiso al éxito, porque créeme que estas personas de las cuales he aprendido, en ningún momento le han pedido permiso al éxito. Les ha dado igual, lo que los demás iban a pensar e iban a decir sobre ellos. Son conocidos por tener claro, a donde van y por llegar, a donde ellos han querido. Salen de su zona de confort y no esperan al momento perfecto, ellos hacen que el momento sea perfecto.

El camino no es fácil, habrá obstáculos que te harán más fuerte. Recuerda que, si te cansas, pierdes; y si persistes, vences. No te quedes en tu cama mirando al techo, para ver si logras salir de la miseria; no te quedes viendo la televisión,

El camino hacia el éxito

para dejar ir el tiempo y así aliviar el dolor de tu infierno.
Levántate y sal a comerte el mundo.
¿Entendido?

A lo largo de estas páginas, te iré contando mi historia; lo que me ha tocado vivir y como he superado muchos obstáculos, que se me han presentado en el camino. ¿Quieres ver cómo he pasado de estar en una cama llorando, sin ganas de vivir, a poder estar mejor de como estaba? Si es así, quédate conmigo y verás que el querer acaba siendo poder, y el poder cambiarlo todo, está en las manos del que quiera hacerlo bien. ¿Quieres hacer las cosas bien? Estás en el sitio indicado.

No importa tu estatus, color, raza, genero, etc.
Mira, te cuento una historia. Daniel Jacobs, es un boxeador profesional, conocido como el "hombre milagro". En el 2011, le diagnosticaron osteosarcoma, un tipo de cáncer de huesos. Jacobs, estaba en silla de ruedas, a punto de morir y los médicos le dijeron que nunca más iba a boxear. En 9 años, pasó de estar en silla de ruedas, a convertirse en campeón de la Federación Internacional de Boxeo (FIB). Sus ganas de superarse y su hambre de éxito, lo llevaron de estar en el infierno, a ser uno de los mejores boxeadores de la actualidad.

Quiero que veas, que tú puedes lograrlo. Jacobs, perfectamente podía rendirse, pero no fue así. Él decidió tomar acción a pesar de lo que decían los médicos. Tomó

la opción de vencer a la muerte y convertirse en uno de los mejores boxeadores. Jacobs no podía caminar, incluso tuvo parálisis facial, pero esto no fue impedimento para él, para salir del infierno y alcanzar el éxito que tanto deseaba. Quiero que veas, que debes dejar todas tus excusas a un lado, y empezar a construir la vida, que por mucho tiempo has estado deseando.

Hasta ahora has visto que:
- Has estado mucho tiempo viviendo con un dolor en el corazón, resultado de vivir en el infierno.
- Ahora estás aquí, frente a este libro que ha llegado a tu vida para ayudarte.
- Este libro trata de cómo convertirse en una persona de éxito.
- Te acompañaré en esta aventura y saldremos ganadores.
- Vas a ser una persona totalmente nueva.
- Vas a construir una historia maravillosa.
- NO debes pedirle permiso al éxito.
- El camino no es fácil.
- Te contaré lo que he vivido y lo que he hecho.
- Y que debes dejar todas tus excusas a un lado.

Acompáñame a saber más sobre mi historia…

Conquistemos el mundo :)

P.D.: No importa la edad que tengas, este libro es para ti.

El camino hacia el éxito

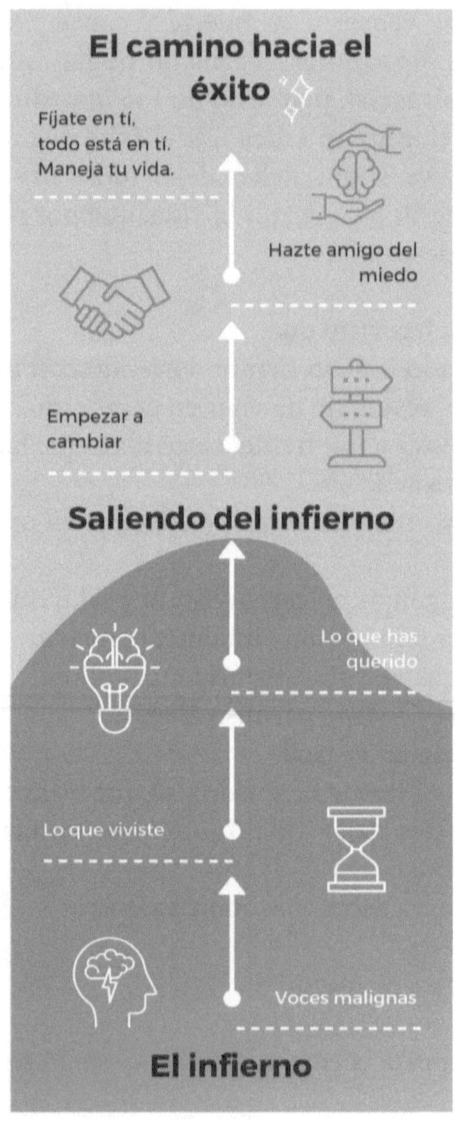

El camino hacia el éxito

 ¿Quién soy?

¿Quién soy? ¿Por qué debes darme tu atención?

Lo más probable, es que en este momento te estés preguntado, ¿Quién es este para decirme a mí como llegar al éxito?

Así que aprovecho esta oportunidad para presentarme. Soy Aarón Castro, un joven emprendedor con muchas ganas de comerme el mundo. Desde los 12 años, llevo siguiendo a personas referentes en el éxito: emprendedores, deportistas, escritores, etc. Siempre he tenido hambre por ser mejor persona, he adoptado la filosofía de la mejora constante. Gracias a esto, he logrado madurar, sigo madurando y cada día trabajo, en ser una persona de éxito. Si tú adoptas esta filosofía, verás que poco a poco te irás convirtiendo en un ejemplo para los demás, otros querrán ser como tú y juntos llegarán a la cima.

Como podrás ver, soy un amante del desarrollo personal, esto me ha llevado a formarme; y actualmente sigo formándome, poniendo en práctica todo lo que aprendo, para así obtener resultados en mi vida. Invierto en mí, escucho audios, hago cursos y asisto a eventos. Busco tomar

El camino hacia el éxito

acciones, que me acerquen a ser una persona exitosa, una fuente de inspiración para los demás.

No sólo amo el desarrollo personal y el mundo del emprendimiento, también amo el deporte. Desde los 7 años hago deporte, éste ha sido mi mejor amigo en la vida; me ha ayudado a no rendirme, a ponerme metas, me ha hecho luchar y soñar en ser grande. El deporte me ha dado muchas lecciones de vida y ha estado presente en situaciones difíciles que he vivido, es un compañero fiel, que te ayuda a crecer como persona.

Una de mis metas, es poder enseñar a otros a salir del infierno, que puedan transformar sus vidas y la de otros. Recuerda: primero debes salir tú para que después puedas decirle a otras personas cómo salir.

¡Se me ponen los pelos de punta, al saber que tú podrás leer este libro y que serás una persona totalmente nueva!

Desde mis redes sociales, Facebook, Instagram y YouTube, busco dar contenido de valor, que permita a los demás a tomar acción en sus vidas. Me contenta, mucho cuando recibo mensajes de personas que me dicen, que gracias a mis videos o alguna de mis publicaciones, han empezado a dominar el timón de su vida. Siento que tengo una gran responsabilidad y por eso busco en mis videos, dar un mensaje capaz de cambiar la mentalidad de otros y que adopten una mentalidad de ganador. Gracias a esto, he logrado salir del infierno y ahora estoy aquí contigo, compartiendo lo que he aprendido y he aplicado para vivir con éxito.

Actualmente, me enfoco a dar educación financiera y de desarrollo personal, totalmente gratis en mis redes sociales, quiero que personas como tú con hambre de éxito sean capaces de adquirir conocimientos, que te hagan ser una persona libre.
Si quieres saber más, eres bienvenido.

 Mi historia

Ven y conoce mi historia.
"Veo la vida como un largo proceso de aprendizaje" -
Richard Branson.

Soy Aarón Castro, nací en Venezuela; y a los 7 años me tocó irme del país. Fue duro, estuve un tiempo separado de mi padre, ya que él se había ido primero que yo, por situaciones políticas y me tocó estar solo con mi madre. Es difícil cuando eres un niño, que va a primero de primaria y no cuentas con tu padre que te apoye.

Tiempo después, logramos estar de nuevo juntos en familia

El camino hacia el éxito

y comenzó un nuevo capítulo en nuestras vidas.

De niño jugaba al fútbol, quería ser el mejor del mundo y soñaba con jugar algún día en el FC Barcelona. El fútbol me enseñó muchas cosas, me convertí en una persona disciplinada y poco a poco fui aprendiendo valores, que han sido importantes en mi vida. Desde ese momento, soñaba con la idea de vivir algún día en España. Me enloquecía al pensar eso, me visualizaba paseando por las calles de Barcelona. Era un sueño fuera de lo normal, en ese entonces todos pensaban que yo estaba loco. Mis profesores, compañeros, incluso mi propia familia, me decían que me bajase de esa nube, que no iba a vivir en España.

Tenía dos opciones: Bajarme de la nube y no tener ambición de crecer o quedarme en la nube y seguir luchando para convertir mi sueño en realidad. Decidí no bajarme, no quería ser como los demás, quería ser diferente. Desde un principio supe que no iba a ser fácil, pero tenía fe de que algún día lo lograría.

Ha habido varias situaciones que me han marcado, que me han hecho conocer el infierno. Con 12 años, mi familia y yo vivimos una de las situaciones más difíciles, mi padre fue encarcelado ilegalmente, pensábamos que nuestros sueños se habían acabado.

Tuvimos la bendición de que varias semanas después, logramos salir victoriosos.

El camino hacia el éxito

a partir de ese momento, me convertí en una persona muy nerviosa e hiperactiva, mi rendimiento académico no era sobresaliente. Un año más tarde, conocí el infierno de nuevo, una vez más, mi padre fue encarcelado ilegalmente. Con 13 años, viví una depresión muy profunda, recuerdo estar en mi cama, mirando al techo con un dolor en mi corazón, que recorría la punta de todos mis dedos. No sabía que hacer, me sentí solo y muchos me dieron la espalda en ese momento. Los meses siguientes fueron muy difíciles para mí y para mi familia.

Pero lo mejor estaba por venir...

Logré salir de esa situación y recuperé mis ganas de soñar, y es algo que aprenderás a lo largo de este libro. Mi madre al principio fue muy pesimista, pero yo nunca perdí la fe. Mi padre había tomado la decisión de irnos al lugar que siempre soñé, Barcelona. A pesar de todos los problemas que teníamos, mi sueño cada vez estaba más cerca de hacerse realidad.

"No te avergüences de tus fracasos, aprende de ellos y empieza de nuevo" - Richard Branson.
A veces, lo que necesitas en tu vida, es vivir un tiempo en el infierno, para salir de allí siendo un ganador.

A pesar de lo mucho que me afectó esa depresión en todas las áreas de mi vida, me convertí en una persona más fuerte y me tocó volar como un ave fénix. Recuperé la confianza,

empecé a escribir mis sentimientos y me hice un amante del éxito. Sabía que para llegar lejos, tenía que aprender de los mejores.

El 28 de marzo del 2017, llegué al lugar que tanto había soñado, Barcelona se convirtió en mi casa. Empecé a crear una nueva vida, tenía hambre de éxito y por nada del mundo me podía dar el lujo de rendirme.
¡Estuve más de un año sin ver a mi padre, pero eso me ayudó a ser aún más fuerte!

Pensando que más nunca volvería a caer, caí. Sufrí una depresión, me había traicionado la persona que más amaba en mi vida. Me sentí solo una vez más. Pensé que era un fracasado, que todo era mi culpa y que me merecía lo peor en mi vida. Gracias a que apliqué lo aprendido y gracias a mis mentores, salí de ese hueco tan profundo en el cual me encontraba

Meses después, me detectaron dislexia y eso no me importó. Sentí la responsabilidad de comunicar mi mensaje al mundo entero, debía ayudarme a mí mismo y también a los demás. Tuve la transformación más grande que he tenido hasta ahora. Confieso que esa depresión fue difícil, no podía dormir y en ocasiones me ponía a llorar en clase. A mi vida llegó el libro "La Voz de Tu Alma", y supe que mi momento había llegado. He vivido en el infierno, mi mente fue esclava de esa miseria. ¡Siempre tuve hambre de mejorar, apliqué lo que había aprendido hasta ese momento, los libros, audios,

El camino hacia el éxito

cursos; y eso me llevó a estar aquí, escribiendo este libro para ti, para que tú puedas ser una persona exitosa!!!

La dislexia no es impedimento. Te pongo el ejemplo de Richard Branson, fundador del grupo Virgin. Branson, de muy joven le detectaron dislexia, no era un buen estudiante. Se le daba muy mal ir a la escuela, pero tenía mucha creatividad para el mundo de los negocios. Actualmente, Richard Branson ha escrito varios libros y es una de las personas más ricas de todo el mundo.
Todo está dentro de nosotros, somos capaces de llegar tan lejos como queramos. Basta ya de excusas, nuestro momento de tomar acción es ahora.

Me he encontrado con muchos obstáculos, me he caído y me he levantado. Muchos han querido hundirme, pero aquí estoy. He visto como muchas personas se han quedado atrás sin hacer nada, he visto como otros se han conformado con lo que tienen y he visto también, a otros que han optado por ser mejores. Con estos últimos me he quedado, no nos conformamos y queremos llegar lo más lejos posible.

Lloré muchas veces, no veía la luz al final del túnel. Vivía con miedo, me importaba mucho lo que decían los demás, quería hacer lo que personas sin resultados decían, por el simple hecho de ser aceptado. Siempre fui diferente, nunca estuve de acuerdo con compañeros de clase y con mis profesores. Pensé que no tenían una mentalidad de crecimiento y éxito. Muchos me dijeron que no lo lograría,

que era muy joven o que simplemente debía dedicarme a otras cosas. Muchas de esas voces provenían del infierno y supe que no debía hacerles caso. Esas voces me dieron energía para salir adelante y brillar. Ahora tú y yo podemos brillar juntos.

A lo largo de las siguientes páginas, te iré contando muchas de las cosas que he vivido y te enseñaré que es posible llegar al éxito. Pero para eso, debemos hacer primero un viaje al infierno. ¡No te preocupes! No estás solo, yo te acompañaré en este viaje. Juntos conoceremos el infierno y juntos saldremos de ahí. Saldremos victoriosos, celebraremos nuestro triunfo y alcanzaremos el éxito.

¿Me sigues?

Hasta ahora has visto que:
- Me dijeron que no lo lograría.
- He sufrido 2 veces depresión.
- Me detectaron dislexia.
- Me he hecho fuerte a pesar de los malos momentos.
- Me han traicionado.
- Nunca he perdido la fe.
- Tenemos mucho potencial dentro de nosotros-

¡Vamos a adentrarnos en esta aventura!

El camino hacia el éxito

PARTE II.
Dentro del infierno

Dentro del infierno

UN VIAJE AL INFIERNO DE DANTE

Querido lector, bienvenido a la primera parte de esta historia. Vamos a adentrarnos en el infierno donde has estado viviendo. Ya sea si ese infierno es visible o si vives en un infierno disfrazado, tendremos que ir a las profundidades de este. ¿Quieres alcanzar el éxito? Pues te digo desde ahora que el camino no es fácil, puedes optar por dejar de leer el libro, o venirte conmigo en esta apasionante aventura de transformación. **No es fácil, pero podemos facilitar este proceso, solo debes poner tu foco en ser alguien de éxito.** ¿Me sigues?

"No te dije que fuera fácil, Neo, te dije que sería la verdad." – **Morfeo.**

Primero que todo, vamos a conocer y derrotar a los monstruos del infierno. Esas son las voces del mal, son los que te han dicho que no puedes, que no debes arriesgarte, que no eres capaz, que debes hacer lo que los demás hacen y muchas cosas más, que veremos a lo largo de este apartado.

El camino hacia el éxito

Una de las razones que te ha privado del éxito, ha sido que le has dado mucha atención a estos monstruos. Ahora mismo vives con miedo, no sabes qué hacer y tus ganas de soñar han sido robadas. ¿Qué va a pasar? Vamos a dar la cara, derrotarás a esos monstruos y ganarás esta batalla. Recuerda que rendirse no es una opción.

Sé que en este momento estarás sintiendo miedo. Hasta los más grandes se ponen nerviosos. No te preocupes, todo es parte del proceso.

Una vez derrotes a esos monstruos, vamos a enfrentar tu pasado. Vas a ser capaz de ver los errores que cometiste, verás que cosas te han limitado, a no alcanzar el éxito que tanto deseas. Las cosas que hemos vivido, influyen mucho en nuestro presente y futuro. Si eres capaz de ser amigo de todo lo que viviste y tomas las lecciones aprendidas, estarás cada vez mas cerca de la salida del infierno.

¿Te conformaste con lo que tenias? ¿Sufriste mucho? En este apartado, veremos que es tiempo de soltarnos de todo eso y que ahora es momento de mirar hacia delante.

¿Por mucho tiempo has querido conseguir algo?
De seguro que hace tiempo querías viajar por todo el mundo, ser referente en algo o convertirte en millonario. Con el paso de tiempo, has olvidado lo que querías, te has dejado llevar por la corriente y ya no tienes ganas de triunfar. Ahora vas a retomar todo eso, vas a recuperar las ganas de soñar en grande.

Recuerda: no debes ser realista. Debes ser un soñador y tomar acción. Vas a enamorarte de tus sueños, veremos que si vamos paso a paso, seremos unos ganadores.

Hasta ahora viste que:
- Vamos a entrar en las profundidades del infierno.
- Vas a derrotar las voces que te han limitado y no te han permitido ser grande.
- Vas a aprender de las cosas que haz pasado y tomarás las lecciones que te dio la vida para alcanzar el éxito. Esto más adelante, te va a permitir ayudar a los demás.
- Vas a enamorarte de tus sueños, soñarás en grande para ser un gran ganador.

Así que iniciemos esta transformación. Todo está en ti, y tú te vas a convertir en un ganador. El éxito está cada vez más cerca.

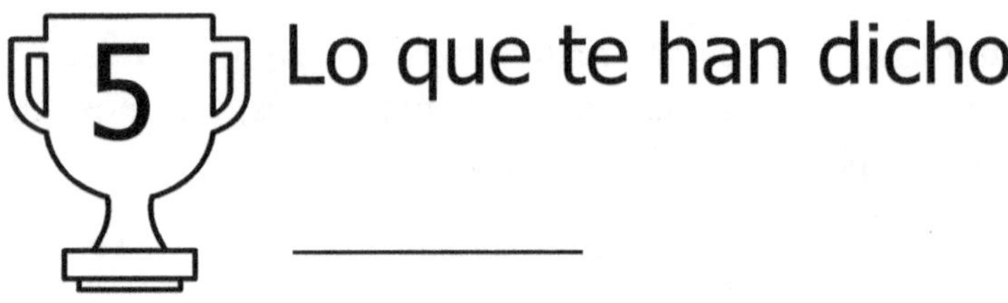

5 Lo que te han dicho

Las voces que te han matado: que te han dicho.

Desde niño, me ha tocado convivir con gente de mentalidad muy pobre, personas que viven en el infierno, que han fracasado y no saben cómo salir de ahí. Estas personas viven con un resentimiento muy grande, no te quieren ver triunfar, viven en una caverna y no han visto el mundo por completo. No quieren que triunfes, ya que para ellos el éxito no existe. Se refugian en excusas baratas, culpan a los demás de sus problemas y se sienten poderosos, cuando ven que no puedes crecer.

Me han dicho infinidad de cosas, me han llamado de todo, con el fin de verme caer. ¿Sabes qué ha pasado con ellos? Han muerto, se han dado por vencidos al ver que no les he hecho caso. Vieron que yo no dependo de ellos para conseguir lo que quiero en esta vida.

Las primeras voces que escuché, vinieron cuando yo tenía 7 años. A los otros chicos de mi equipo de fútbol, les parecía muy raro que yo cocinase con mi padre. Era algo que ellos no hacían y al ver eso de mí, pensaban que era raro. El

primer monstruo que tuve enfrente de mí, dándome golpes, fue el de *"aja si... Estás loco. No vas a vivir en España, bájate de esa nube, eres un niño".* Eso al principio me afectó mucho, lloré infinidad de veces, pensé que nunca lo lograría. NADIE creía en mí en ese entonces, ni mi propia familia. Mi padre se molestaba si yo mencionaba el tema y el departamento de psicología de mi escuela, pensaba que yo tenía algún problema mental. ¿Puedes creer eso? ¡Por solo decir que quería vivir en España, ya me consideraban que tenía alguna enfermedad mental! Estos monstruos quieren verte en lo más profundo del infierno, esa es su forma de mantenerse con energía. Ellos viven de tus derrotas. Es momento que quites esas voces de tu vida.

Ellos son personas sin éxito, han fracasado en todo. Son personas muy negativas y no te va a beneficiar tenerlas en tu vida. Yo entendí que, para ellos no es normal verte en un buen estado, todo lo negativo que ellos te están diciendo, es la realidad de ellos. **Reflejan sus problemas en ti. Te dicen que eres un fracasado, cuando en realidad los fracasados son ellos.**

"¿Te crees Messi?" "Entiende, nunca serás como Michael Jackson". Ahora que recuerdo esto me rio, veo hasta dónde he llegado y estoy muy contento de mi progreso. Pero no todo fue color de rosas... Cuando yo tenía 8 años y escuchaba esto, me venía abajo. El miedo se apoderaba de mí, recorría todo mi cuerpo, sentía un escalofrío que me paralizaba y frenaba mis sueños.

El camino hacia el éxito

Cada vez me reservaba más las cosas y pensaba que no iba a ser posible. Cuando la gente me decía que no querían estar conmigo y que yo era un bruto, me convertía en una persona más tímida, me creí esas mentiras que tanto repetían.

La timidez es un aspecto que me ha costado trabajar, es algo que me ha frenado mucho, pero poco a poco, he sido valiente y he ido combatiendo a estos malvados. He descubierto el gran poder que tengo y que tú también vas a descubrir.

"Cuando eres capaz de mantener tus propios estándares de integridad, sin importar lo que los demás hagan, estás destinado a la grandeza." - Napoleon Hill.

De seguro que te ha pasado esto. Escuchaste a estas voces que, con el paso del tiempo, te hicieron pequeño. Te dejaste intimidar y no fuiste capaz de enfrentarlos. Tus sueños se fueron y te convertiste en un "realista".

"Menos realistas, más soñadores." - Daniel Habif.

Esas voces te hicieron ser una persona insegura, sin claridad de cómo conseguir los objetivos que tanto deseas. Hicieron que estés viviendo en el infierno, te conformaste por el miedo al que dirán. Le diste importancia a lo que decían otros de ti, pensaste que tenían razón, pero no fue así. Ellos son fracasados, su único éxito es verte ser uno de ellos. Te roban el corazón y te quitan la capacidad de amar. Repites sus frases, haces las mismas cosas que ellos hacen. Te quedas

sentado en casa, esperando a que un milagro caiga y durante la espera, culpas a otros de tus problemas. Por culpa de estas voces, has perdido muchas oportunidades en tu vida. **O los ignoras o nunca serás un ejemplo de éxito.**

Tu mente se ha ido cerrando con estas voces que escuchas. Vives con miedo y quieres quedarte en tu zona de comodidad. Adivina… Sin darte cuenta, tu mente ha creado excusas que te apartan de los resultados que quieres conseguir. ¡No busques excusas para no cumplir lo que deseas! A partir de ahora, busca oportunidades para tomar acción.

Lionel Messi, con 9 años tenía un problema muy grave, sufría de falta de la hormona de crecimiento. Su estatura, estaba por debajo de la media de otros chicos de su edad. Esto preocupó mucho a su familia y tuvieron que buscar ayuda para solventar este problema.

La familia de Messi, no contaba con los recursos económicos, para poder llevar a cabo el tratamiento que necesitaba. Newell's, no podía ayudarlo y River Plate, tampoco pudo hacerlo. A pesar de su condición, Messi nunca paró de hacer lo que él amaba: jugar al fútbol. Tenía un talento increíble y no se iba a rendir. Tiempo después, se va con su padre a Barcelona, logra seguir adelante con su tratamiento y su historia en el FC Barcelona comenzó. En la actualidad, Lionel Messi es uno de los mejores jugadores en la historia del fútbol.

El camino hacia el éxito

¿Crees que Messi hubiese llegado lejos, si hubiera hecho caso a las voces del infierno? NO.

Messi decidió derrotar esos monstruos y se esforzó por hacer historia. Decidió ignorarlos y deleitó al mundo entero con su calidad como jugador. Messi tuvo fe en sí mismo, sabía que tenía un gran potencial y que no debía importarle lo que los demás pensaban de él.

"Todos sus sueños se acabaron." - Inocencio "Icho" Matos. Palabras dichas por un agente de la policía de Aruba, el 18 de enero del 2014. Mi familia y yo estábamos detenidos.

El 18 de enero del 2014, fue un antes y un después en mi vida. Me tocó conocer el infierno. Todos mis sueños y toda mi vida estaba a punto de terminar. Estaba a pocos pasos de perder a mis padres… Estaba perdiendo mi libertad. Nos dijeron que todos nuestros sueños se habían acabado.

Sin embargo, al escuchar esas palabras opté por derrotar a ese monstruo. Decidí reírme por dentro. Cambié el significado de la frase. Lo tomé como un halago, sabía que tenía más razones para luchar por mis sueños. No podía caerme. En ese momento, me visualicé como una persona de éxito. La gran mayoría de las personas se dejan vencer ante algo así, yo no iba a permitirlo. Yo en ese momento, solo tenía 12 años, sabía que tenía una vida por delante y que vendrían cosas muy buenas. Esa frase cambio mi vida, supe que sería un ave fénix. Cambié la interpretación, en mi

cerebro. Lo interpreté como: *"Sal y cómete el mundo, ahora serás más fuerte, tendrás una gran razón para ser grande. Eres afortunado de estar aquí."*

Si eso no hubiese pasado en mi vida, yo no estaría aquí contigo, mostrándote el camino al éxito. Eso me hizo fuerte y me hizo ver que el camino al éxito no es para fracasados. Hay que crecer día a día como persona, ignorar a los villanos y aprender de los héroes.

Tu mente, es una máquina con una gran capacidad. No te has dado cuenta de eso, has estado actuando en piloto automático sin darte cuenta de que te estabas tirando por un barranco. Si alguien te dice algo malo, debes cambiar su significado por completo. Que eso que escuchas, en vez de debilitarte, te haga invencible. Motívate, inspírate y toma acción.

Lo que escuchas:
"Eres feo, no puedes, no lo lograrás, ¿Quién te crees?, mejor déjate de tonterías y ponte a estudiar una carrera, consigue un trabajo seguro."

Cómo debes interpretarlo:
"Soy hermoso, si puedo, lo voy a lograr, ¿Y si me dejo de excusas?, ¡mejor me pongo a tomar acción, soy único, me voy a arriesgar y haré todo lo que sea necesario para triunfar!"

La clave aquí está en tener desapego de lo externo.
Sonríe, cuando te digan algo así, ponte contento. Eres lo suficientemente grande, como para que te digan eso. Eres tan grande, que otras personas toman su tiempo en decirte esas cosas; te tienen envidia y no saben qué hacer con sus vidas. Tú, eres capaz de cambiar el significado en tu cerebro y hacer de esto, algo que te acerque más a la victoria que vas a lograr. Cada vez que cambias el significado de esas voces malignas, las estás derrotando y vas saliendo del infierno.

¡Sigamos en esta transformación!

Baja del barco a quienes no están contigo.
En esta fase de derrotar a esas voces malignas, debes saber que lo mejor para ti, es quitar de tu vida, a todas esas personas que te dicen que no sirves, que no eres capaz y que solo te van hablando de cosas negativas. Esas voces te han limitado para convertirte en la persona de éxito que mereces ser.

No importa quién es esa voz del infierno, el punto es que debes bajarla de tu barco SÍ O SÍ. Probablemente, tus padres te han dicho que no eres inteligente, quizá tu pareja te dijo que estabas mal al hacer tal o cual cosa. Ahora mismo te estarás preguntando, ¿Cómo los bajo de mi barco? ¿Debo hacerlo?

Pues si de verdad quieres transformarte, debes sacarlos de tu vida. No importa si es tu madre o tu padre, si es tu mejor

amigo o si es tu pareja. Debes saber que, si ellos no están contigo, no te ayudará escucharlos. Debes escuchar solo a personas de éxito y personas que quieren que TÚ llegues al éxito que deseas.

Para mí, ha sido difícil sacar a personas que yo quería mucho, pero ellos no me aportaban nada. Con el tiempo, vi que había tomado una buena decisión. Ellos seguían siendo los mismos y yo en cambio, había mejorado. Si de verdad quieres salir del infierno, debes decirles: Adiós.

No te preocupes, no te vas a quedar solo. Estás haciendo una limpieza necesaria en tu vida. Ahora vas a abrir las puertas, para conocer a personas muy exitosas y te vas a sentir mejor que antes. Verás tu pasado y estarás orgulloso de ti, verás que fuiste capaz de tomar el timón de tu barco y llegaste a donde tenías que llegar, sacaste lo que no necesitabas y eso te llevó a ser un ganador.

Tus resultados hablarán por sí solos.
Una vez estés transformando tu vida y estés cumpliendo tus objetivos, vas a demostrar con hechos. Muchos van a ver que no estabas en lo incorrecto, verán que cambiaste tu vida y que estás siendo un ganador. Serás un ejemplo para los demás, tu familia se va a inspirar y muchos van a cambiar, para estar contigo en la cima. Habrá personas que se bajaron de tu barco y que, a pesar de tus resultados, no van a poder transformar sus vidas. No pasa nada, ahí es cuando te das cuenta que no son buenas compañías para ti. Otros van a

El camino hacia el éxito

tomar acción, saldrán del infierno y se subirán a tu barco. Por eso es importante que salgas del infierno. Si te toca salir solo, hazlo. No te esperes, comienza el proceso y verás que cosas muy buenas llegarán a tu vida.

Va a valer la pena, todo el esfuerzo que tengas que hacer para llegar a tus metas.

Hace un tiempo, yo salía con una chica que me criticaba todo lo que hacía. Ella vivía en el infierno, le echaba la culpa de sus problemas a los demás y no aceptaba que debía salir de ahí. En su mente pensaba, que ella había alcanzado el éxito, pero no era así. Sus acciones venían, de hacerle caso a esas voces malignas, no era capaz de derrotar a esos monstruos; ella optaba por criticarme, hundirme, para así ella sentirse más fuerte. Créeme, al principio lo logró, me hundió y me creí todo lo que ella decía. Sin darme cuenta, ella me estaba llevando a las profundidades del mal, mi vida se estaba convirtiendo en un infierno dantesco, todo iba para mal.

"No haces nada, no sabes hacer nada. Eres un niñato, pringado, no vas a triunfar. Haces cosas de niño, todo ese emprendimiento es de niñato. Ponte a estudiar. ¿Qué dices? Voy a ser más millonaria que tú."

Como podrás ver, ella era una persona muy negativa. Quizá en este momento, estés recordando a personas que te han dicho cosas así a lo largo de tu vida. El error está en creerse,

que todo eso negativo que te dicen es cierto.

Aun así, debes saber aceptar las críticas, cuando haces algo mal. Acepta las críticas constructivas, que te hacen **personas ganadoras,** esas críticas te harán mejor persona y te pondrán más cerca de tu meta. Es algo que he aceptado de mis mentores, acepto cuando me llaman la atención. Por algo ellos tienen resultados magníficos, me lo dicen por mi bien. Son voces de éxito que me hacen poderoso.

Yo comencé a salir del infierno, cuando vi que todo lo que ella decía, era un reflejo de su realidad. Cambié el significado de todo lo que decía, vi que yo tenía un gran potencial y que debía ignorar todo lo malo que decía. Gané poder y gracias eso, estoy aquí contigo, dándote una guía para salir del infierno y alcanzar el éxito.

Ella siguió siendo la misma de siempre, no cambió y siguió viviendo en el infierno, yo salí adelante y me transformé. Ahora estoy rodeado de personas ganadoras, de ellos aprendo cada día.

Debes hacerte poderoso, tú puedes llegar lejos. Todo está en ti y todo depende de ti. Cada vez que escuches algo de ellos, derrótalos… Hazte más fuerte. Cambia el significado, bájalos del barco y sal del infierno.

A partir de ahora, que no te importe más todo lo malo que te han dicho, ya eso no debe afectarte. Ahora debes seguir los

El camino hacia el éxito

pasos que te he dado, para estar más cerca del éxito. Poco a poco, estás transformando tu vida y estoy orgulloso de eso.

¿Seguimos?

Ya no eres pequeño, ahora eres grande y capaz de vencer a todos esos monstruos. Ellos no son nada para ti, tú tienes más poder que todos ellos.

Acabas de aprender que:
- Esas voces malignas no quieren que triunfes, quieren que seas uno de ellos y te quedes viviendo en el infierno.
- De niño me dijeron cosas muy malas, pero fui capaz de vencerlas.
- Te dicen que eres un fracasado cuando los fracasados son ellos.
- Te dejaste intimidar y esto hizo que tuvieras miedo en conseguir tus metas.
- Debes ser un soñador.
- Debes ignorarlos.
- Lionel Messi, se convirtió en uno de los mejores jugadores de la historia del fútbol, al vencer esas voces del infierno.
- Cambia el significado de lo que te dicen esos monstruos.
- Ten desapego de lo externo.
- Baja del barco a todos aquellos que no están contigo.
- Tus resultados hablarán por sí solos.

Ahora mismo quiero felicitarte, porque ya has cumplido el

El camino hacia el éxito

primer paso para salir del infierno. Eres grande y si tomas acción, vas a superar todos los obstáculos que se presenten en el camino. Al principio tenías miedo, sufrías por todas esas voces, ahora sabes que debes derrotarlas y ya no tienes que estar siendo esclavo de ellas.

Vamos a seguir en esta aventura y haremos un recorrido por tu pasado. Vamos a ver que has vivido y que te ha hecho estar en la situación donde te encuentras. Vamos a tomar los aprendizajes de lo que viviste y sabrás que debes hacer para salir del infierno. No tengas miedo, te voy a acompañar y saldremos una vez más victoriosos. Poco a poco estás transformado tu vida y te estás renovando por completo.

No te rindas, no abandones. Todo es parte del proceso, ahora mismo estás adentro del infierno, pero poco a poco estás saliendo. Si tomas acción, llegarás a donde te propongas.

Así que no te hago esperar más y sigamos en esta aventura.

El camino hacia el éxito

 ¿Qué has vivido?

Estás donde estás, por las cosas que has vivido. Tu pasado, las decisiones que tomaste y las oportunidades que dejaste ir, han creado el presente que tienes, un presente que se encuentra en el infierno. Pregúntate: ¿Qué he hecho hasta ahora? Pregúntatelo en el amor, dinero y salud. Encontrarás la respuesta de por qué estás situado en donde estás. Todos hemos cometido errores, todos hemos vivido situaciones, que nos han sembrado un miedo en todo nuestro cuerpo.

Yo he tenido que aprender de mis caídas del pasado, para poder estar aquí contigo. Tu pasado ha llevado a que vivas un presente, que está ligado a tu futuro. Si eres capaz de aprender de lo que viviste, eliminarás muchas barreras y estarás más cerca de salir del infierno. En esta fase de la aventura, iremos a lo más profundo, le darás la cara a tu "Yo" del pasado, le abrazarás y le dirás que vendrán cosas muy buenas.

¿Empezamos? ¡VAMOS A ELLO!

Actualmente, tienes lo que has sembrado, yo tengo lo que

El camino hacia el éxito

he sembrado. Si has sembrado mal, tienes ahora mismo crisis en tu vida. Si has sembrado bien, estarás ahora mismo en una buena posición. Por eso, es importante ver el pasado, para saber qué debemos mejorar, y esas mejoras nos llevarán a un mejor futuro.

¿Actualmente tienes problemas en el amor? ¿Has venido amando esperando algo a cambio? ¿Has sido infiel? ¿Ha sido un amor tóxico?

Desde pequeños, vamos fijándonos en las personas que nos atraen, ya sea chico o chica. Con el tiempo, vamos ganando más experiencia, vamos diferenciando si solo es una atracción física o si estás totalmente enamorado. A veces, perdemos la cabeza por alguien, descuidamos aspectos de nuestras vidas y ese amor se convierte en dependencia. Es cuando caemos en el infierno, estamos entregando nuestro bienestar a otra persona, en vez de tomar control de este.

Si ahora mismo te sientes sin amor, puede ser por causa de un divorcio, infidelidad, entre otras cosas. Creas o no, esta falta de amor verdadero, de amor incondicional, te está afectando. Te afecta porque no te sientes feliz, y al no sentirte feliz, no te sientes en capacidad de conseguir tus metas. Como resultado, estás ahora mismo en el infierno, sin saber a dónde ir y sin saber cómo solventar este asunto.

Ven y te cuento esta historia:

El camino hacia el éxito

A mis 12 años, meses después de haber vivido una de las situaciones más difíciles de mi vida, me enamoré perdidamente de una chica. Yo estaba entrando en la adolescencia, era parte del proceso de crecimiento. Hasta ese momento no había tenido suerte con las chicas, todos se burlaban de mí y en cierta medida me faltaba confianza. No sabía gestionar mis emociones, no sabía cómo comportarme con una chica. En ese entonces, comencé a aprender de personas de éxito, me faltaba mucho conocimiento y era un inexperto, no era la persona que soy.

Me ilusioné mucho por esa chica, ella era la más atractiva de mi escuela y todos los chicos estaban locos por ella. Ella era muy popular, tenía lo que quería, manipulaba a los demás y los tenía a sus pies. La gran mayoría de compañeros de mi escuela, me agredían por gustarme esa chica, decían que ella nunca se fijaría en mí, que ella era muy bonita y solo se fijaba en chicos guapos. Tuvieron razón, yo físicamente no estaba bien todavía y en cierta medida, era uno más del montón. Eso me hizo que, con el tiempo mejorase y trabajase en ser mejor persona. Comencé a hacer más deporte, a consumir contenido de calidad sobre desarrollo personal y me fui desarrollando.

El desastre de esta historia comenzó, cuando yo solo pensaba en ella, mi vida giraba entorno a ella. Todos los días, a todas horas, esa chica estaba en mi cabeza. Mi madre era diseñadora de moda en ese entonces, tenía muchas prendas que no vendía y yo las robaba para dárselo a la chica. Mamá

si lees esto, te pido perdón :)

El dinero que me daba, mi padre lo gastaba en comprar comida para ella y a sus amigos, pensando en que yo iba a ser aceptado. Era pequeño, quería ser aceptado en un círculo social de gente destructiva… Todavía no era consciente de ello.

Mis calificaciones se fueron por los suelos, los profesores decían que yo estaba obsesionado por esa chica, le di miles de regalos, para ver si se fijaba en mí. Me estaba arrastrando.

¿Qué sucedió? ¿Cómo mi pasado influyó?

Tiempo después, eso me trajo más problemas, me convertí en una persona temperamental y eso trajo consecuencias a mi vida. No era capaz de olvidarme de ella, estaba totalmente enamorado y ese sentimiento se convirtió en algo muy tóxico. Fue uno de los detonantes en mi depresión, estuve por muchos meses hundido. Mi padre tenía facturas de 200 dólares al mes… Me lo gastaba todo en comida para esa chica.

Fue una total locura.

Mi psiquiatra me dio la confianza que nadie era capaz de darme.

"Ya jugaste el partido, si no se fija en ti no luches por ella, no lo fuerces. Fíjate en ti, trabaja en ser un buen hombre.

El camino hacia el éxito

Tranquilo, no estás obsesionado, solamente te has ilusionado como un bobo. Es momento de decirle adiós y enfocarte en mejorar."

Como podrás ver, el apego emocional fue un gran problema para mí. Mi rendimiento académico empeoró, mi situación económica se vio afectada y más adelante, fue una de las causas de mi depresión. Quizá ahora mismo, te sientas mal en tu vida, y puede ser por culpa del apego emocional que has desarrollado. Debes amarte a ti mismo, te la pasas las 24 horas contigo y tú debes construir un templo en tu interior. Debes trabajar en ti. No estamos con alguien para ser completos, nosotros ya somos completos. Estamos con alguien para complementar, para aportar. Ámate mucho, ámate a ti mismo y preocúpate por ti, antes de querer preocuparte por los demás.

Aprendí que no debo perder la cabeza por alguien, que debo trabajar en mí y que no puedo estar mendigando. Debo tener amor propio, no puedo perder el tiempo en cosas que no merezcan la pena.

Quizá has tenido algún divorcio y eso te ha hecho tener miedo de tener otra relación. Te mantienes alejado de los demás, por miedo a que suceda lo mismo. Probablemente, llegaste a ser infiel y por eso nadie te quiere, eso hace que vivas con odio y no seas capaz de salir del infierno. Si no tienes una buena relación con tu pasado y no eres capaz de aprender de lo que sucedió, no podrás avanzar. Si sigues

haciendo lo mismo, que te ha llevado a estar en la situación sentimental que te encuentras, tu futuro será igual.

Irás ganando experiencia, aprenderás a amar sin apego. Verás que puedes tener sustento por tu cuenta y que no dependes del "cariño" de otra persona. Tú estás contigo las 24 horas del día, hasta el día de tu muerte. Tú decides si tomar el control o dejar que otros te controlen a ti.

Cuando amas sin apego, manejas mejor tus relaciones, te sientes mejor emocionalmente y amas incondicionalmente. El amor verdadero es cuando no existen ataduras, sin condiciones y desde el corazón.

¡Ten amor propio! Ámate mucho, cuídate y busca lo mejor para ti siempre. Da amor, sé una persona cariñosa, haz sentir bien a los demás. Ama a tu familia y verás como eres capaz de salir del infierno.

Sigamos…

¿Te sientes sin energía? ¿Vives agotado? ¿Tienes problemas de salud?

Ahora pregúntate:
¿Cuáles son tus hábitos alimenticios? ¿Haces deporte? ¿Qué tan activo has venido siendo?

Es muy fácil quedarse comiendo comida chatarra en el sofá

El camino hacia el éxito

de la casa, mientras vemos la televisión. Muchos, optan por quedar con sus amigos y **perder su dinero en alcohol.** Otros se conforman con estar "vivos" y le entregan su vida a un doctor. Creas o no, uno de los problemas que te tienen en el infierno, es tu mal estado de salud.

¿Cómo vas a tener, amor si no eres capaz de amarte a ti mismo? ¿Cómo vas a tener dinero si no tienes energía para cumplir tus metas?

Puede ser que vivas deprimido, muchas personas liberan sus penas, comiendo altas cantidades de azúcar. El cerebro reacciona muy bien a eso, pero luego se va el efecto. Se crea un círculo vicioso, donde poco a poco te vas matando. De seguro que te han dicho, que el físico no importa, que la proteína te dejará calvo, que si haces pesas no vas a crecer, que si boxeas te van a matar y muchas más tonterías. O puede ser, que hayas perdido alguna vez en el deporte y eso te hizo tener miedo, no querías que los demás te vieran perder. O simplemente, usaste la excusa de no quererte hacer daño.

El deporte te da **DISCIPLINA,** algo **FUNDAMENTAL** para alcanzar el **ÉXITO Y SALIR DEL INFIERNO.** El deporte te da más confianza, que se traduce en toma de acción, que luego te trae resultados espectaculares.

Mira a Arnold Schwarzenegger, tiene 71 años y vive con una vitalidad increíble. ¿Crees que él hubiese llegado tan lejos, si no se hubiese preocupado por su salud? Muchas personas los a 71 años ya están en silla de ruedas y no son capaces de llevar el peso de su cuerpo.

Hélio Gracie, es una de las personas más importantes en la historia de las artes marciales. Fue el creador del jiu-jitsu brasileño, dedicó toda su vida a practicar este deporte y creó un imperio. Gracias a su trabajo, sus hijos son grandes exponentes de este deporte y se crearon las artes marciales mixtas.

Miles de personas, logran sobrevivir a agresiones, gracias a las enseñanzas de los Gracie. Adivina a qué edad murió Hélio Gracie… ¡A los 95 años! ¡Estuvo vivo casi 100 años! Tuvo la oportunidad de hacer lo que más quería, se convirtió en un referente en el mundo de las artes marciales, tuvo tiempo de estar con su familia, sus nietos, a pesar de estar muy pequeños, pudieron conocer a su abuelo. Gracias a su buen estado de salud, pudo
dejar un buen legado en el mundo.

"EL JIU JITSU QUE CREÉ, FUE DISEÑADO PARA DAR

El camino hacia el éxito

A LOS DÉBILES LA POSIBILIDAD DE ENFRENTAR A LOS PESADOS Y FUERTES". - Hélio Gracie.

¿Quieres saber más?

Está demostrado que el ejercicio mejora los niveles de dopamina: que ayuda a la liberación de neurotransmisores, ligados al estado de ánimo, te sientes mejor y feliz. ¿Sabías que la ira puede causarte accidentes cerebro vasculares y problemas del corazón? Con el ejercicio también liberas serotonina: que te ayuda a liberar la ira. No solo eso, también liberas noradrenalina: ligada al aprendizaje y deseo sexual. A mis 11 años, era un niño con sobrepeso. Mis entrenadores en el fútbol, me decían todos los días, lo mal que estaba físicamente. A eso súmale el calor, los vapores del césped artificial y los altos niveles de humedad. ¡No podía conmigo mismo! ¡Me quedaba sin aire! ¿Te ha pasado eso?

Eso me incapacitó, no era capaz de rendir como los demás y cada vez me sentía peor conmigo mismo. Tenía unos hábitos alimenticios no saludables, que me impedían estar en bienestar y me privaban de ser una persona de éxito. Obviamente, era una persona muy insegura. Cuando estamos con sobrepeso, no nos damos cuenta del problema, seguimos sin hacer nada y vamos rumbo al infierno.

¿Qué sucede? Simple: Si vives en el infierno no llegarás al éxito.

Cuando comencé a cambiar mis hábitos alimenticios y me preocupé por tener una buena rutina de actividad física, comencé a ver resultados. Bajé de peso, gané más confianza, me hice más constante y me fijaba metas. Tiempo después, me obsesioné tanto con no querer engordar que se me caían los pantalones de lo poco que pesaba, podía ver mis costillas en el espejo. Gracias a lo aprendido en mi pasado, me puse la meta de ganar masa muscular. ¡Ahora mismo, trabajo en ello y soy capaz de guiarte a ti, a que puedas hacer lo mismo, incluso algo más grande!

Puede ser que sufriste acaso escolar o en otros ámbitos por tu mal estado físico o de salud. Esto hizo que te convirtieras en una persona con más inseguridad y tienes mucha ira con los demás. Te afecta en tus relaciones, te afecta en lo anímico y no estás en capacidad de cumplir tus metas. Lo que hiciste, te ha llevado donde estás y si no aprendes de ello, no saldrás del infierno.

Estar en buen estado de salud, me permite poder cumplir mis objetivos día a día, estoy en capacidad de aprender, me siento muy feliz y no me rindo.

¡Vamos a por mas!

¿Estás que no llegas a final de mes? ¿No puedes invertir en ti mismo? ¿No tienes dinero?

Ahora pregúntate:

El camino hacia el éxito

¿Te has educado financieramente? ¿Te has preocupado por tener una buena gestión de tu dinero? ¿Gastas en cosas que no necesitas? ¿Vives de las apariencias?

La falta de dinero, es uno de los grandes males cuando vives en el infierno. Sin él, eres incapaz de hacer muchas cosas. Tu mente se cierra, te quejas de los demás, no buscas soluciones y estás en modo de buscar no morir, en vez de buscar estar en tu mejor versión. Si has crecido en un ambiente de escaso dinero, habrás adquirido hábitos de gente pobre, que no te permiten ser libre financieramente. Es una de las razones que hace que muchas personas vivan en un infierno disfrazado, son conformes con lo que tienen y no buscan ser ganadores en sus vidas.

¿Crees que le darás la vida maravillosa que merece tu familia si no tienes dinero? ¿Acaso van a vivir del aire? Tus malos hábitos de gestión de dinero, te han llevado a estar ahora ahí, en lo profundo del infierno. Si sigues así, tu futuro será peor de como vives ahora.

¿Te dijeron que la gente millonaria es malvada? Ese odio que tienes, no te permite desarrollarte como persona.

Tienes mucho apego a lo externo y no miras en tu interior, no ves lo que debes mejorar como persona. Te refugias en excusas, en vez de tomar acción para buscar formas de ganar dinero. Quizá sufriste alguna estafa, perdiste todo de la noche a la mañana y has creado esa incapacidad de no

emprender.

Me he cruzado con gente que tiene dinero, he visto que si quiero triunfar como ellos, si quiero vivir como deseo y si quiero hacer todas las cosas que me prepongo, debo saber cómo funciona el dinero. La falta de dinero en mi vida, me ha llevado a tener hambre de éxito, a ver que uno debe formarse, para crecer como persona y crecer financieramente. Por, eso amo emprender. He tomado acción y he aprendido a que no debo ponerme excusas. Tú eres más grande que los obstáculos que ves. Me encanta el mundo de los negocios y trabajo día a día en ser mejor en ello.

En tu pasado, el sistema educativo te ha enseñado a ser un esclavo. No sabes cómo afrontar la vida y has caído a este infierno dantesco, donde has vivido por mucho tiempo. Te dijeron que vives en un país pobre y tú te has hecho aún mas pobre. Puede ser que ahora mismo estés poniendo esa excusa, pero recuerda: **TÚ ERES EL HÉROE DE TU VIDA.** ¿A qué esperas? No se le pide permiso al éxito.

Jeff Bezos, era uno más del montón, trabajaba en un McDonalds. No tenía recursos, pero tenía ganas de emprender. Empezó en un lugar muy pequeño, y fundó Amazon. Ahora Jeff Bezos es el hombre más rico del mundo.

Amancio Ortega, era un niño pobre de Galicia, España. Su padre trabajaba de ferroviario, era una persona sin grandes recursos. Ortega comenzó a tejer ropa, se dedicó

completamente a eso y nunca se rindió. Sabía que algo lograría. Creó INDITEX, empresa dueña de marcas de ropa muy conocidas alrededor del mundo, como Zara, Massimo Dutti, Pull and Bear, entre otras. Es uno de los hombres más ricos del mundo y dona a causas benéficas.

Ellos han vivido en el infierno, pudieron salir de ahí, alcanzando el éxito y trasformando sus vidas por completo. Si ellos lo lograron, tú también puedes lograrlo.
La decisión es tuya.

Sigamos en esta aventura, poco a poco vas progresando y vas entendiendo que puedes cambiar tu vida.

Cómo te ha afectado.

Los problemas que tienes en el amor han sido de todo tipo. La chica/chico que te gustaba en el instituto, te rechazó. No sabías cómo comportarte, agachaste la cabeza y fuiste cada vez, una persona más insegura. Te da miedo de tomar acción, no puedes hablar en público. ¿Qué pasa? Que te has alejado del éxito, no has dado todo tu potencial y has caído en el infierno.

Quizá, nunca has tenido alguna relación, han sido tóxicas, divorcio o infidelidades.

Eres una persona con miedo a que te hagan daño. Piensas que los demás son malvados, eres muy temperamental y

maltratas a las personas. Tus relaciones no son buenas y cada vez que te quedas así, estás más aislado. Eres un monstruo del infierno y si sigues así, te quedarás solo el resto de tu vida. ¿Quieres eso?

Te han roto el corazón y vives triste. Para ti todo es negativo, dependes del cariño de los demás, pero no eres competente de dar cariño a otros. Quizá intentaste suicidarte, piensas que tu vida no tiene sentido y que no vale la pena vivir. No tienes ganas de alcanzar tus sueños, estás lejos de tus metas y así no lograrás alcanzar el éxito.

Hay un dicho muy conocido que dice: *"no hagas lo que no te gusta que te hagan."* ¿Cómo quieres una pareja fiel, si tú eres infiel? Has estado viviendo eso, te ha hecho perder valores. Valores; que no te hacen una persona de éxito integral, y mucho menos un referente para tu familia. Todos esos problemas que has tenido en el amor, te han llevado al infierno que conoces. Tranquilo, que dentro de poco aprenderás de ello y transformarás tu estado actual. En la salud, vives con problemas cardiacos, no controlas los niveles de azúcar en la sangre, no eres activo en el ejercicio. ¿Desde hace tiempo vives con malos hábitos alimenticios? Mírate ahora y ve qué hubiera pasado, si hubieses adoptado hábitos saludables. No estarías como estás ahora. Tu obesidad, te ha impedido realizar actividades con otras personas, te han apartado por tu mal estado físico y no eres capaz de tener energía. Te sientes mal, sientes que no sirves para nada y sigues comiendo comida chatarra en el sofá de tu casa.

El camino hacia el éxito

No puedes cargar el peso de tu cuerpo, sientes que vives en esclavitud. Es lo que tiene vivir en el infierno… Ese peso que tienes a tus espaldas, hace que te hundas cada vez más y más. Te duele la cabeza, las rodillas y todas tus articulaciones. Dime, ¿Se siente bien? ¡Claro que no!

Mereces salir de eso y alcanzar el éxito. Tu salud es muy importante, si de verdad quieres ser un ganador.

La falta de dinero te ha afectado en tu tranquilidad. Vives con mucha angustia. Piensas todas las noches en cómo vas a hacer para pagar tu casa, coche o la comida. No tienes gasolina, te preocupan todas las facturas y sientes que el dinero se va inmediatamente. Esta falta de dinero, te ha cerrado tu mente y mucho mas si has crecido en un entorno de pobreza. No has invertido en ti, no tienes los conocimientos suficientes para tener libertad financiera. Gastas tu dinero en cosas tontas, en vez de invertirlo en algo que te de más dinero, ni te preocupas en comprar conocimiento, has caído en el conformismo del infierno y tu mente está vacía.

¿Has estado todo este tiempo, gastando el dinero en pasivos, en vez de adquirir activos? Mírate ahora, observa como es tu infierno. Eres uno más del montón, eres un esclavo en un trabajo que no te gusta. Siempre has querido hacer mil cosas, pero no tienes dinero para hacerlo…. Además, pasa algo aún peor. No buscas soluciones a tu problema

económico, prefieres quedarte como estás. ¡No puede ser así, debes tomar acción ya!

Hiciste un recorrido por tu pasado, le diste la cara a todas las cosas que viviste. Al principio, pensaste que sería difícil, pero lo lograste. Quiero felicitarte por ello, si sigues así, saldrás del infiero. Acompáñame y aprendamos de las lecciones del pasado.

Toma las lecciones

Te quiero contar una historia de algo que me pasó en el amor.

Cuando era jinete de caballo, conocí a una chica muy atractiva. Siempre que la veía, me quedaba anonadado, no sabía ni qué decir. Siempre que ella iba a montar a su caballo, yo intentaba saludarla y a veces ella me hablaba. Iba pasando el tiempo y me sucedían cosas de toda índole en mi vida, no vivía con la tranquilidad que yo quería. Llego un día, donde iba a asistir a un espectáculo de caballos, esa tarde estaba en la hípica y ella llegó a montar su caballo un rato. Me llené de valentía y comencé a hablar con ella. Tiempo después, supe que me había enamorado.

Comenzó una historia loca de amor, me enamoré perdidamente y creía profundamente que era el amor de mi vida, a pesar de la diferencia de edad, ella era mayor que yo. Para mí, una pareja es como un equipo, se ayudan

mutuamente, es un proceso para crecer juntos, de estar en las buenas y en las malas. Soy de los que piensa, que no hay que hacerle caso a los demás, lo importante es amar. Pienso que el amor no tiene barreras, que todo está en ti y que no debes dejarte imponer gustos de otras personas. Una relación no es fácil, pero puedes hacer las cosas bien. Un equipo de fútbol entrena todos los días, juega los fines de semana. Pierden, ganan, empatan, pero deben seguir adelante. Debes aprender de los errores del partido anterior, así poder corregirlos y ganar el siguiente. Es disciplina y constancia.

Errores = Aprendizajes

Ella y yo vivimos momentos maravillosos, tuvimos la fortuna de viajar y pasar momentos juntos. Discutíamos a veces, pero yo trataba de no darle importancia. Yo la amaba con todo mi corazón.

Al poco tiempo, comenzaron los problemas. Me insultaba siempre, decía que yo era un inmaduro, que no hacía nada. Para resumírtelo, decía que yo era una mierda. La verdad es, que ella proyectaba todos sus defectos y problemas en mí. En vez de ver que el problema era ella, ella prefería decir que el problema era yo. Ella no era capaz de lidiar con su pasado, ella había tenido muchos problemas, intentó suicidarse y nunca maduró.

Llegó el día más triste de esta historia de amor, el día en que

se acabó todo…

Las semanas pasaban, yo intentaba arreglar las cosas, pero no podía. Ella nunca me había amado, solo me había usado. Me mintió, me humilló con sus amigos, sin resultados; se burló de mí, jugó conmigo y hasta se metió con mi familia. Caí en una depresión muy grande, no era capaz de levantarme. Pensé que mi vida se había acabado. Intenté a toda costa, ocultar mi depresión a mi familia, no quería que ellos supieran lo mal que me encontraba. Lloraba todos los días, estaba viviendo en lo más profundo del infierno.

De solo contarlo me hierve la sangre. Créeme, fue muy difícil.

Gracias a Dios, durante ese proceso de crecimiento personal, tuve a una persona que me ayudó muchísimo y me sigue ayudando en otras cosas. Sin él, no sé qué hubiera pasado con mi vida. Quizás no estaría aquí.

Fue un proceso de crecimiento personal, quería salir de ese infierno, yo tenía fe. Creía en mi, debía usar mi experiencia y aprender de lo que me estaba pasando. Me la pasaba leyendo todos los días y queriendo ser mejor día a día. Fue cuando empecé a subir contenido de calidad a mis redes sociales, para inspirar a los demás :)

Siempre le dije a mi amigo: *"Vamos a salir de esta victoriosos y en un futuro nos reiremos".*
Y así fue.

Las lecciones fueron:

El camino hacia el éxito

- Aprendí que debía dejar de actuar como una víctima.
- No podía estar con personas sin éxito.
- Debía olvidarme de ella, no me aportaba nada bueno en mi vida.
- Debía preocuparme por estar mejor y crecer como persona.
- Me hice fuerte.
- El deporte me ayudó.
- Cambié mis pensamientos negativos y cambié mis creencias.
- Descubrí mi poder interno.

Ahora tengo la experiencia de esa relación; y sé lo que no debo hacer en un futuro. Aprendí, sé cómo debo comportarme, con quien debo relacionarme y cómo debo ser. No puedo tener apego a lo externo, debo amar sin esperar nada a cambio. Yo debo buscar siempre lo mejor, valer por mí mismo y ser siempre un ganador.

Aprende de tus amores perdidos. Si has tenido algún divorcio, infidelidad u otra situación, busca el lado bueno. **Aprende de tus errores.** Analiza lo que has vivido, verás qué es lo que debes cambiar en el futuro y así no volverá a ocurrir.

Mira lo que hizo mal tu pareja y encuentra la manera, para lidiar mejor con la relación o con futuras relaciones. Mira como te has relacionado con los demás y ve como puedes corregirlo. Analiza los errores que cometiste en

relaciones pasadas, para ser mejor en el futuro. Ama incondicionalmente, da amor a todas las personas, no busques que otros te completen, busca complementar a los demás. No molestes a los demás, el mundo está lleno de oportunidades en el amor.

<u>Pregúntate:</u>
¿Qué ha pasado? ¿Qué ha hecho la otra persona? ¿Qué he hecho yo?

<u>Y pregúntate luego:</u>
¿Qué puedo hacer mejor? ¿Cómo lo puedo corregir?
¿Qué debo corregir? ¿Qué cosas debo sacar de mi vida?

Más adelante, en el apartado de superar miedos, te diré cosas importantes y que debes saber. Mantente atento.

Aprende de los malos hábitos alimenticios que has tenido y adquiere hábitos saludables. Haz más ejercicio y no te quedes parado. No entregues tu vida a un doctor, todo está en ti.

Yo, cuando era un niño gordo, aprendí que debía comer cosas saludables, bajar el consumo de azúcar y hacer más ejercicio.

<u>Pregúntate:</u>
¿Cómo es mi dieta? ¿Cuál es mi actividad física?
<u>Y luego:</u>

El camino hacia el éxito

¿Qué puedo mejorar de mi alimentación? ¿Cómo comienzo a hacer más ejercicio?

Aprende que:
- Debes mejorar tu dieta.
- No comer comida chatarra.
- Debes hacer más ejercicio.
- NO DEBES RENDIRTE, VE POCO A POCO.

En el dinero, has visto que tu mala gestión, te llevará a la ruina. Si sigues gastando tu dinero, en cosas que no necesitas, sufrirás cada vez más. Mira lo que has venido haciendo y busca alternativas.

<u>Pregúntate:</u>
¿En qué gasto el dinero? ¿Cómo es mi gestión? ¿Me preocupo en invertir? ¿Estoy buscando nuevas formas de generar ingresos?

<u>Y luego pregúntate:</u>
¿Cómo puedo mejorar mi gestión? ¿Qué nuevas formas de ingreso puedo buscar? ¿Qué tipo de conocimiento debo adquirir para invertir en ello?

Aprende que:
- Es difícil tener libertad, si te conformas con ser un empleado.
- No puedes tener miedo.
- No debes escuchar a personas que no saben sobre

dinero.
- Invierte en educación financiera.
- Adquiere activos, no gastes tu dinero en pasivos.
- Busca nuevas fuentes de ingreso.

Cambia tu relación con todo eso que te pasó.

Abraza todo el aprendizaje, como te dije:
Errores = Aprendizaje

No odies tu pasado, que no te quite el sueño. Sonríele. Es parte de salir del infierno, todas esas han sido cosas que te ha puesto la vida, para que te desarrolles como persona y seas mejor. Eres afortunado de aprender de las cosas que viviste. Mira eso como si fuese tu mejor amigo, es un profesor que tienes ahí, diciéndote lo que no debes hacer, lo que debes cambiar y lo que debes hacer desde ahora.

En un futuro, mirarás tu pasado y estarás muy contento, verás cómo has progresado. Todo eso que viviste es parte de tu transformación y de tu historia de éxito. No odies tu pasado, entiende que no tenías la guía que tienes ahora. Si lo ves de forma positiva, saldrás del infierno.

No te quejes

Ya es momento que pares de quejarte de tu pasado. No es momento de anclarse en todo ese mal del infierno. Si te sigues quejando, no podrás alcanzar el éxito. Aprende de

El camino hacia el éxito

todo eso y corrígelo. En vez de quejarte, actúa. No te pongas excusas en el camino. Tu mente crea excusas por miedo. Cuando tengas excusas, significa que es buen momento para tomar acción, si no lo haces, te alejarás del éxito. ¿Y si lo logro? ¿Y si voy a ello?. Todo está en tus creencias y la forma de cambiar tus creencias, es tomando acción. Haz esto y verás como tu vida comienza a cambiar por completo.

No te quejes por tu falta de dinero, amor y salud. Centra tu foco en mejorar. Los ganadores progresan, los perdedores se quedan estancados. Enfócate en las cosas nuevas que implementarás en tu vida. Si te centras en eso, verás resultados.

¿Me sigues?
Toma acción

Es hora de que te hagas mejor amigo de la toma de acción, te hará cambiar tus creencias y te alejará del infierno. Tu vida empezará a cambiar cuando comiences a tomar acción, luego de haber aprendido de tu pasado. No se obtienen buenos resultados, si tienes malas creencias. Sal y ama a los demás, haz deporte, invierte en ti.

El momento perfecto no existe, el momento perfecto es ahora. En este momento es cuando debes salir adelante y dejar de estar viviendo en este infierno. Todo lo que has aprendido hasta ahora, debes aplicarlo. así se te quedará grabado y no olvidarás que estás aquí, para vivir la mejor

El camino hacia el éxito

transformación de tu vida.

EJERCICIO:
¿Qué puedes mejorar de ti?

Si no te organizas en tu vida, pagarás las consecuencias; no solo tú, sino también tu entorno. El hecho de planificar tu día a día, es fundamental para alcanzar el éxito. Lo mejor que puedes hacer es sentarte, agarrar un papel y bolígrafo; y planificar lo que vas a hacer durante el día. Procura de cumplir tus metas, estás escribiendo lo que vas hacer y esas cosas pueden acercarte al éxito o mantenerte en el infierno. La planificación es una buena forma para empezar a cambiar tu vida.

También, puedes incluir tus objetivos a corto y largo plazo, y puedes incluir también tus sueños, para que estos te sirvan como fuente de energía. Al final del día, pon lo que has aprendido, tus éxitos del día, escribe lo que puedes mejorar y planifica el siguiente día. Haz esto siempre y verás como tu vida irá mejor.

Mira alrededor ahora mismo, observa las cosas que te incomoden y busca la forma de arreglarlo. Hazlo en tu habitación o en algún lugar de tu casa. Comienza limpiando el polvo que hay, arregla lo que tengas. Haz que todo esté orden y que luzca mejor.

Si ves que puedes arreglar algo en tu casa, hazlo. Si puedes

hacer eso, puedes arreglar tu vida. Verás como tu cerebro tendrá menos trampas, tus emociones fluirán mejor. Te sentirás que vas en el camino correcto, ya que cada pequeña acción que hagas, hará que progreses.

La primera tarea que debes realizar, es hacer tu cama. Sí… Como los soldados. Si las cosas pequeñas no las puedes hacer bien, no podrás hacer cosas grandes en tu vida. Y en caso tal de que tengas un "mal día", regresarás a casa con tu cama hecha. Esto te estimulará a seguir haciéndolo y que el próximo día sea mejor para ti.

"Si quieres cambiar el mundo, empieza por hacerte la cama"
- William H. McRaven

Querido lector, quiero felicitarte si has llegado aquí. Significa, que has logrado hacer un recorrido de tu pasado. Si no lo has hecho, léelo todo y sigue con el libro.

Al principio, pensaste que iba a ser difícil, en muchos momentos te angustiaste y no sabías que hacer. Estás donde estás por las cosas que has vivido, las decisiones que has tomado. Tienes lo que has sembrado y por eso, era importante hacer un recorrido por tu pasado. A partir de ahora debes abrazar tu pasado y tomar las lecciones de lo que viviste. Mira el lado bueno de las cosas, ve todo lo que debes mejorar y comienza a mejorar desde ahora. Si lo dejas para después, no lo harás; y si no lo haces, no saldrás del infierno. Tu pasado debe hacerte mejor persona, no

cometas los mismos errores. Ya sabes lo que debes comenzar a cambiar en tu vida, todo está en tus manos y todo depende de ti ahora mismo.

En las siguientes páginas vamos a ver lo que siempre has querido. Vamos a ver tus sueños, lo que querías ser de niño y que con el tiempo fuiste perdiendo. Vas a volver a relacionarte con tus sueños, esto es importante, ya que puedes comenzar a trabajar, para hacerlos realidad. ¡Vas a recuperar la energía de la vida! Tus sueños serán tu energía, para cumplir tus metas y alcanzar el éxito que te mereces.

Para resumir, en este capítulo aprendiste:
- Estás donde estás, por las cosas que has vivido.
- Tienes lo que has sembrado.
- Quizá ahora mismo, te sientas mal en tu vida; y puede ser por culpa del apego emocional que has desarrollado.
- Debes amarte a ti mismo, te la pasas las 24 horas contigo y tú debes construir un templo en tu interior.
- El deporte te da DISCIPLINA, algo FUNDAMENTAL para alcanzar el ÉXITO Y SALIR DEL INFIERNO.
- TÚ ERES EL HÉROE DE TU VIDA.
- Errores = Aprendizajes.
- No odies tu pasado, que no te quite el sueño. Sonríele.
- Ya es momento de que pares de quejarte de tu pasado. No es momento de anclarse en todo ese mal del infierno.
- Es hora de que te hagas mejor amigo de la toma de

El camino hacia el éxito

acción. La toma de acción, te hará cambiar tus creencias y te alejará del infierno.

Estás cerca de salir del infierno.

Sigamos en esta aventura.

 7 Lo que has querido

Antes de caer en el infierno, eras una persona que soñaba en grande. No te afectaba mucho, lo que los demás decían de ti, tus ojos eran luces y tu sonrisa era permanente. Brillabas como una estrella y cada vez, te sentías más cerca de hacer tu sueño realidad. Siempre hemos tenido sueños en la vida, siempre hemos querido lograr algo. Nuestra energía viene de hacer esas cosas realidad, vamos a por todo día a día. De seguro que has querido libertad financiera, un mejor cuerpo, mejores, relaciones, pero… Te diste por vencido.

Sentiste que te agotabas, que estabas lejos de alcanzarlo; muchos te dijeron que no lo lograrías y preferiste dejarte llevar, hasta caer en el infierno. ¿Cómo vas a llegar al éxito si no eres un soñador? Cuando sueñas en grande, buscas las formas de hacerlo realidad. El infierno te ha quitado las cosas que has querido y por eso estás ahí.

No tienes lo que deseas en el amor, en la salud y tampoco en el dinero. Este libro está aquí, porque soñé con hacerlo, me puse objetivos y fui a por ello. Esas ganas de llegar lejos, vinieron de estar todos los días tomando acción, para hacerlo realidad. El solo hecho de soñar, no hará nada en tu vida, pero si eres capaz de tomar acción, se hará realidad.

El camino hacia el éxito

¿Me acompañas?

Lo que querías de niño

Cuando eras un niño, querías ser piloto de carreras, astronauta, deportista, chef, etc. Jugabas en casa y te imaginabas que ya eras eso que querías ser; o que tenías las cosas que quieras tener. Te creías piloto de carreras, mientras veías la tele y eras feliz haciéndolo. Te daba igual todo, tu estabas convencido de que lo lograrías.

Esas ganas de soñar y de querer tener aquello que tanto deseabas, le daba sentido a tu vida. Nuestra vida tiene sentido, cuando somos capaces de ponernos metas y podemos cumplirlas.

El hecho de soñar y marcar objetivos, hace que nos tengamos que exigir; estamos en la obligación de dar todo nuestro potencial. Esto hace que no caigamos al infierno y que continuemos en el camino al éxito. Un niño es alegre cuando sueña, no le importa que tan complicado va a ser el camino al éxito.

Lionel Messi, cuando jugaba en el equipo juvenil del FC Barcelona, dijo que sería Balón De Oro. Así fue, lo logró. Fue a por ello, sin importarle los que los demás decían de él. Dio todo su potencial, para ser el mejor jugador del mundo.

Probablemente, tus padres o compañeros de clase, te

dijeron que no lo ibas hacer. Al principio no les hacías caso, pero de tanto que te lo repetían, hicieron que dejases de apuntar hacia la luna. Esto es una desgracia, lo peor que se le puede hacer a una persona, es cortarle sus alas. Si de niño te hubieran dado el apoyo, cuando decías que querías ser tal o cual cosa; o que querías lograr cierto objetivo en tu vida, ahora mismo serías una persona de éxito.

A medida que fuiste creciendo, los monstruos del infierno fueron infectando tu mente. Ahora con este libro eres capaz de derrotarlos, pero en ese entonces, no tenías las herramientas que tienes ahora. Probablemente, si hubiera tenido entrenadores, que me motivasen cuando jugaba futbol aquí en España, ahora mismo sería futbolista.

Comenzaste a llorar y el miedo fue creciendo en ti. Te decían que solo te tenías que enfocar en tus estudios. De esta forma, te convirtieron en esclavo. En vez de ponerte objetivos maravillosos en tu vida, estabas encerrado en una aula de clases, desarrollando una mentalidad de pobre. El sistema educativo, no te permite alcanzar el éxito en tu vida.

Cuando era más joven soñaba con escribir un libro. Me gustaba una chica y mi mejor forma de expresarle mis sentimientos, era plasmándolo en un libro. Fue una buena experiencia, descubrí que era una buena forma de liberar mis sentimientos. En ese libro, hablaba de mi vida y de todo lo que había aprendido hasta ese momento. Inocentemente, se lo dije a una persona y me dijo: Eres muy joven para

escribir un libro. Esa persona, había perdido las ganas de soñar, ya vivía en el infierno, vivía sin energía y su futuro cada vez empeoraba.

A pesar de que la chica tuvo el libro y nunca lo leyó, no me rendí. Seguí escribiendo sobre otras cosas, escribía de mis metas, lo que sentía y cómo superaba mis adversidades. Prueba de ello, es que tienes este libro en tus manos.

Los niños no tienen excusas, hacen lo que sea. Pero te dijeron que NO, les creíste y perdiste tu hambre de éxito.

Lo que querías de adolescente

Fuiste creciendo y te ponías metas más "reales". Soñabas con ser abogado, político, doctor o empresario. Te preocupaba mucho lo que los demás pensaban de ti, tratabas de complacerlos, al punto de ponerte metas que ellos querían. Tus metas eran menos grandes, que cuando eras un niño y tus ganas de soñar bajaron drásticamente. Cuando algo no te salía bien, eras pesimista y poco a poco caías en el infierno.

Cuando decías que querías algo fuera de lo normal, tus padres, profesores y compañeros, se alarmaban. Si tenían que hundirte o castigarte lo hacían, para que dejases de creer en ti. El sueño de querer ser millonario, se esfumó y las ganas de querer ser escritor, se fueron con el viento. Mucha gente me ha dicho que no lo lograría, se molestaban mucho si les decía mis sueños. Me decían: Concéntrate en tus estudios. No me decían: Lucha por tus sueños.

Te dejaste llevar y entregaste tu libertad, aquella libertad que tanto querías. Entregaste tu bienestar, a cambio de seguridad. Tuviste miedo de gritarle al mundo y decir: YO PUEDO. Murió tu valentía, para ser una persona cobarde. Te rendiste, dijiste: esto no es para mí.

Creas o no, las malas influencias, las fiestas y el alcohol, te alejaron de tus metas. Lo que hiciste, fue meterte a ti mismo en el infierno. Pasaste de querer ser un gran empresario, a querer tener suficiente alcohol, para liberar tus penas. Pensaste que estabas haciendo lo correcto, que había que divertirse, pero no fue así. Buscaste el bienestar a corto plazo y destruiste tu futuro. ¿Eres consciente de ello?

Si no hubieras dejado de soñar, cuando eras adolescente y lo hubieras acompañado de acción masiva, ahora mismo, no estarías en el infierno. Estarías en el camino al éxito o ya estarías en el éxito. Mira a todos esos deportistas en la televisión. Nunca pararon de soñar y ahí están, haciendo lo que siempre soñaron. Sabían que no iba a ser fácil, llevó mucho sacrificio, pero ahí están.

"Un deseo débil trae resultados débiles, de la misma manera como una pequeña cantidad de fuego crea poco calor." - Napoleon Hill.

El camino hacia el éxito

Si deseas algo fuertemente, vas a ir a por ello. Será la llama que te dará el poder, para superar los obstáculos que te encuentres. ¿Ves cómo todo depende de ti? ¿Ves que es importante que vuelvas a soñar?

La madre de Tony Robbins, le dijo que quería que fuera un conductor de camiones, al menos así ganaría un sueldo seguro. Pero Tony Robbins no aceptó eso, él quería hacer algo que importara más. No persiguió el dinero, persiguió su pasión. Con tan solo 17 años, fue donde su mentor Jim Rohn y este le dijo: *"Si quieres que la vida cambie, tú tienes que cambiar, si quieres que la vida mejore, tú tienes que ser mejor"*.

¿Crees que Tony Robbins hubiera llegado lejos si hubiera dejado de soñar?

¡El nunca dejó de soñar y actualmente, es el orador de desarrollo personal más importante del mundo!

Continuemos…

Te conformaste con lo que tienes

Dejaste de soñar y esto hizo que dejases de crecer. Entregaste tu éxito para tener conformidad. Sin darte cuenta, te fuiste directamente al infierno. Aquel negocio que querías hacer, no lo hiciste. Aquel viaje que habías planeado, lo postergaste. Dejaste de hacer, para sentirte seguro. Tenías miedo de lo

que iba a suceder. Evadiste los grandes retos, no has probado la adrenalina. ¿Cómo vas a conseguir el éxito si estás en tu zona de confort? Hay cosas en la vida, que son cuestión de ensayo y error. Te diste por vencido a la primera.

Dan Lok, antes de ser un experto en ventas y tener libertad financiera, fracasó en 13 negocios. No dejó de soñar, el sabía que sí dejaba de hacerlo, nunca llegaría a ser millonario. Decidiste quedarte en tu zona de confort (algo que hablaremos más adelante y aprenderás a cómo salir de ella); preferiste hacer cosas que fueran normales para ti y que no significaran un gran esfuerzo.

CONFORMISTA = FRACASADO.

Una persona conformista, es alguien que mata sus sueños y como consecuencia mata su éxito.

No has explotado todo tu potencial, el mundo no ha tenido la oportunidad de recibir el valor que tienes. Has hecho lo posible, para no asumir retos, por el miedo que invade tu cuerpo. El mundo no ha visto de que estás hecho, eres grande y mereces llegar muy lejos.

En el dinero, te conformaste con tener un salario "seguro". Solo te preocupas por cubrir deudas, no ves más allá. Tu vida gira entorno a tu empleo, sigues las órdenes que dictamina tu jefe, porque no eres capaz de expandirte y no conformarte con lo que tienes. Eres una persona, que con

El camino hacia el éxito

mucha suerte, vas por inversiones seguras.

La zona de confort es muy pequeña, como para uno hacerse grande. Tienes miedo de asumir el riesgo que conlleva invertir. Recuerda que si tienes miedo, significa que es momento de tomar acción. Nunca te has lanzado a emprender en aquel negocio online, venta de inmuebles o negociación de coches. Preferiste ser un conformista, porque perdiste la capacidad de soñar.
No es tarde para soñar…

Pensaste que aquella pareja era buena para ti, cuando es todo lo contrario. En vez de ir por ese chico/chica que tanto te gustaba, te fuiste por la persona que te prestaba atención. Comenzaste a tolerar su mala actitud, sus quejas, sus limitaciones. Has usado por mucho tiempo la excusa de: "Tengo hijos". Recuerda que aprendiste anteriormente, que las personas que no están contigo, debes bajarlas de tu barco, sin importar quien sea.

Nunca te atreviste a dar el primer paso, tenías miedo. Siempre esperaste a que sucediera un milagro, que nunca llegó a tu vida y que tampoco llegará, si sigues en ese estado. Nunca diste amor incondicional al mundo, nunca diste amor, sin esperar nada a cambio. Perdiste las ganas de soñar en el amor, dejaste de amar y comenzaste a estar con personas, por miedo de vivir en la soledad. Nunca te pusiste metas para mejorar en una relación, solo te dejaste llevar, hasta caer en el infierno. ¿Ves cómo debes soñar como un

niño para alcanzar el éxito?

En vez de salir a hacer ejercicio, decidiste consumir medicamentos, para cuidar tus males. No cuidaste tu templo y entregaste tu vida a un doctor. En vez de ponerte metas para bajar de peso, curar la diabetes, ganar masa muscular; decidiste ser un "cuerpo escombro". Te dijeron que el físico no importa y optaste por tener una vida sedentaria.

¿Te acuerdas cuando eras un niño y te la pasabas saltando y corriendo todo el día?

Mira a las personas de éxito, algunas a pesar de su edad, tienen una salud estupenda, no dependen de su doctor. El cuerpo humano está diseñado para moverse, si eres una persona sedentaria, te estás matando en tu infierno. Si no te mueves, vas a hacer que aumente tu obesidad, colesterol y diabetes. ¿Quieres eso en tu vida? ¿Vas a comenzar a ponerte metas en tu salud?

Sueña y ten más energía en tu vida

Sueña en grande, motívate. Cuando tienes metas, eres capaz de exigirte a ti mismo; debes cumplir contigo mismo, si quieres alcanzar el éxito. Esta es la energía que necesitas para salir del infierno y comenzar a brillar en este mundo. Cuando sueñas en grande, te pones metas. Y cuando te pones metas debes progresar. Ningún medicamento puede combatir la depresión, si tú como persona no progresas. Cuando yo he estado en el infierno, el progreso de salir de ahí, me ha hecho feliz y esto, hace que yo sea un ganador

El camino hacia el éxito

y alcance el éxito. Imagina poder mirar atrás, ver todo tu progreso y estar feliz de que lo has logrado.

¿Ves cómo es importante esto?

PROGRESO = FELICIDAD

Tu crecimiento personal, te hará una persona que puede superar cualquier obstáculo, que se encuentre en el camino.

PROGRESO + CRECIMIENTO PERSONAL = GANADOR EXITOSO

Estás aquí para crecer día a día, no para dejar de soñar y quedarte estancado eternamente en el infierno. Hay algo que dice Tony Robbins, que es muy valioso: **No se trata de conseguir tu objetivo. Se trata sobre quien debes convertirte, para poder conseguir tu objetivo. El jugo del asunto está en el crecimiento.**
SI DEJAS DE CRECER MUERES.

Comprométete, ponte objetivos que te hagan dar lo mejor de ti, que hagan que te sientas con la responsabilidad de cumplirlo… Y es que cuando los cumples, aceleras tu proceso de crecimiento personal.

Tu vida viene de tus rituales. Si te la pasas quejándote, perdiendo el tiempo y quedándote estancado, nunca saldrás del infierno. Debes alinear tu vida hacia tus objetivos. Haz cosas, que te acerquen a ser la persona, que consigue las metas que te has puesto. La fórmula es esa.

Si te enfocas en lo que no controlas, en tu pasado, en lo que dicen los demás y en lo que te falta en tu vida, te sentirás frustrado y dejarás de soñar. Enfócate en tus sueños.

Enfócate en el cambio, crea tu historia de éxito. Sé una bendición para las personas.
ENFOQUE = PODER

Ponte nuevos sueños y ve a por ellos

Retoma las cosas que siempre has querido. Ponte nuevas metas y ve a por ellas. Es tu única opción, es ahora o nunca. Comienza a diseñar un plan de acción, para hacer esos sueños realidad. Haz que esos sueños no se queden como sueños, haz que esos sueños se conviertan en éxitos. Ponte sueños en el amor, en la salud y en el dinero.

¿Quieres más amor en tu vida? Empieza a dar amor a los demás y comienza a relacionarte con nuevas personas. ¿Quieres más salud? ponte objetivos para hacer ejercicio y mejorar tu dieta. ¿Quieres más riqueza en tu vida? Comienza a invertir en conocimiento que te haga tomar acción, para alcanzar libertad financiera.

Las veces que he estado en situaciones difíciles, hago todo lo

El camino hacia el éxito

posible, para soñar y ponerme nuevas metas. Esto implica que debo cambiar hábitos en mi vida, que hacen que cambie mi rutina. Me pongo objetivos en el deporte y esto hace que mejore mi salud. Bajo del barco a las personas que no están conmigo y creo nuevas relaciones. Voy y busco nuevo conocimiento financiero, busco nuevos negocios y trabajo en ganar más experiencia. Esto hace que gane energía, que me haga progresar y este progreso hace que yo esté feliz. No me conformo, voy a por más, me pongo metas que me asusten, en el proceso debo hacerme grande para alcanzarlas. Siempre busco crecer, porque si sigo creciendo, no dejo de vivir. Si dejo de crecer, muero.

Sigamos.

Ahora mismo, estás más cerca de salir del infierno, por eso es importante, que estés atento a los retos que te voy a poner, ¿Entendido? Estos retos no debes postergarlos, debes tomar acción y hacerlos. ¿Quieres cambiar tu vida? Pues debes hacer lo que te voy a decir a continuación, todo está en tus manos. Te he dicho anteriormente, que tú estás contigo siempre, durante toda tu vida. Naces contigo y mueres contigo. Es así, eres tú quién dará el paso, para salir del infierno.

¡ASÍ QUE VAMOS A POR ELLO!

<u>COMPROMÉTETE CON LAS PERSONAS QUE MÁS AMAS.</u>

El camino hacia el éxito

Este ejercicio va a hacer que te comprometas por completo. Quizá sea un gran reto para ti, eso es bueno, te estás transformando. No te pongas excusas, la mejor manera para que superes tus barreras mentales, es tomando acción.

Empecemos.

1. Agarra un papel y boli, haz una lista de las 5 personas más importantes de tu vida. De esta manera, estás comprometiéndote, tomando acción y saliendo del infierno.

2. Reúnete con cada una de esas personas; si por alguna razón, están muy lejos, puedes hacer una video llamada; si no, hazlo en persona:

3. En esta reunión o video llamada, le dirás a esa persona:

- La importancia que tiene en tu vida.
- Coméntale cuales son tus objetivos y sueños.
- Cuéntale cuales son tus miedos.
- Comprométete con esa persona, a emprender acción desde este momento y cumplir con todos los objetivos que anteriormente le dijiste.
- Le dirás cuales son los pasos que vas a seguir, para cumplir tus objetivos. Si llegas a fallar en alguno, esa persona, deberá reunirse contigo y decirte a los ojos que la has decepcionado.

No nos gusta sufrir pero… ¿Ves como esto hace que debas comprometerte?

El camino hacia el éxito

1. A nosotros no nos gusta defraudar a nuestros seres queridos.
2. En caso de que fallemos y nos dicen que los hemos decepcionado, esto va a hacer que nos afecte emocionalmente. ¿Qué va a pasar? Que te producirá más energía, para que tengas un compromiso aún más fuerte, para alcanzar tus objetivos.

ADVERTENCIA: EVITA SERES DEL INFIERNO.

<u>COMPITE PARA SER UN GANADOR</u>

Una de las mejores formas, para comprometerte a tomar acción, es usando la competencia sana como recurso. Yo soy de los que compite conmigo mismo, pero en este ejercicio, vas a competir para crecer. Además, tu relación con la otra persona, se hará más fuerte, ya que los dos están construyendo su mejor versión.

- Ponte en contacto con 3 personas que sean mejores que tú, que tengan éxito en las áreas que quieres mejorar en tu vida.
- Hagan conjuntamente retos que deban cumplir en el mes.
- Quien pierda los retos u objetivos al mes, invitará al ganador a una comida. Deben decir qué es lo que deben mejorar.
- Haz esto todos los meses, incluso semanas y siempre con personas que sean mejores que tú. <u>**Rodéate de águilas, no de gallinas.**</u>

El camino hacia el éxito

Los deportistas de alto rendimiento llegan a ser mejores, porque deben competir con los compañeros de su equipo y también contra otros jugadores. Hay muchos boxeadores, que gracias a perder contra su rival, son capaces de mejorar y ganar el próximo combate. Un ejemplo de ello, es el peleador mexicano Juan Manuel Márquez. Él, era uno de los mejores boxeadores del momento y había enfrentado a otro de los mejores, Manny Pacquiao. Ambos, habían enfrentado a grandes boxeadores y ambos habían sido campeones mundiales. Juan Manuel Márquez, había enfrentado a Pacquiao en 3 ocasiones; y no podía ganarle aún. Esto hizo que sus ganas de superarse crecieran. En cada encuentro, Márquez le complicaba más las peleas a Pacquiao. En el cuarto combate que ambos tuvieron, Márquez logró noquear a Pacquiao, en el sexto round.

El seguir compitiendo y mantenerse en el proceso de crecimiento, hizo que le pudiera ganar a su eterno rival.

CAMBIAR HÁBITOS PARA CUMPLIR TUS SUEÑOS

Los hábitos son muy importantes en tu vida, son el 90% de tu comportamiento. En tu vida, sueles ir en piloto automático, digamos que te dejas llevar. Esto sucede, gracias a que con el tiempo, fuiste creando hábitos que te llevaron a estar donde estás. Tus hábitos son como trenes que te llevan a destino. Quiero que te imagines que son como aviones, que pueden volar alto y llevarte al éxito o también al infierno. ¿Cierto que no te subirías a un avión que fue diseñado al azar? Lo

mismo pasa con los hábitos, no puedes dejarlos al azar. Hay que diseñarlos, ellos te tienen que llevar a tus sueños, a lo que quieres.

Debes forjar hábitos ganadores. Un hábito puede tomar años o segundos. ¿Segundos? Sí!. Por ejemplo, si ahora mismo metes la mano en el fuego, te quemarás y no te pasaría por la cabeza, volver a meter la mano ahí. De niño te dijeron, que no jugases con el fuego. En cuestión de segundos, tus emociones están haciendo que no te quemes, estás salvando tu vida.

Debes anclar emociones intensas (positivas o negativas), a los hábitos que quieres incorporar o abandonar.
Imagínate que quieres dejar de fumar, beber, procrastinar o cualquier otro hábito, que te está alejando del éxito. Debes anclarle emociones intensas negativas, debes imaginarte un futuro muy triste si sigues con esos hábitos, debes imaginar que estás en el infierno. De esta forma, verás como no quieres eso en tu vida.

Lo mismo pasa con un hábito que quieres incorporar en tu vida. Ánclale emociones intensas positivas, imagínate un futuro mejor, que tienes éxito. Así vas a ver, que debes trabajar en adquirir ese hábito.
AMANECER ÉPICO: Es una estrategia de éxito basada en dedicarte (omitiendo todo el ritual), a lo más importante al momento de despertarte. Ponte a hacer lo que te lleve a tu meta, ese libro que quieres leer o que quieres escribir, ese

negocio que quieres crear, el idioma que quieres aprender o cualquier otra cosa.

Apenas te levantes, ponte a hacer lo que te lleve a tu meta, ignora todo lo demás y enfócate en ello.

Pregúntate: ¿Qué hábito quiero desarrollar para cambiar mi vida?

Debe ser un hábito que haga de tu existencia, algo mejor que la de ahora. Empieza por el hábito que más puede acercarte a tu meta prioritaria.

LEY DE LA GALLINA: Se tarda alrededor de 21 días en incorporar un nuevo hábito, lo mismo que una gallina en incubar un huevo. Si la gallina puede, tú puedes estar 21 días desarrollando un nuevo hábito. Ponte día y noche, un día tras otro, con ese nuevo hábito. Si fallas un día, empieza a contar de nuevo los 21 días. No vayas con muchos hábitos a la vez, comienza uno por uno.
Aplica la ley de la gallina y en un año, habrás desarrollado 12 nuevos hábitos transformadores, incluso si llegas a fallar algunos días.
Querido lector, quiero felicitarte porque estás aquí. Me enorgullece mucho, ya que estás avanzado en esta aventura.

En este capítulo aprendiste que:

- Cuando eras niño soñabas en grande.

El camino hacia el éxito

- Fuiste dejando tus sueños atrás por el miedo.
- Te conformaste.
- Has creado nuevos hábitos.

En la próxima sección del libro, te voy a dar el empujón para que salgas del infierno. Vas a comenzar a cambiar tu vida, comenzarás a salir de la zona de confort y comenzarás a definir tus metas. Ya has enfrentado todo tu pasado y ahora, vas a comenzar a cambiar tu presente, para tener un gran futuro. Tengo muchas ganas de que continúes conmigo en esta aventura. Eres capaz de lograr cosas muy grandes. ¿Has visto la cantidad de obstáculos que has superado hasta el momento?

Ahora imagina esa sensación de poder, que hará que salgas del infierno y seas una nueva persona. Capaz de ayudarse a sí mismo y a sus seres queridos.

Continuemos en esta aventura y vayamos a por más!

Recordatorio

____

PARA CAMBIAR TU VIDA CON NUEVOS HÁBITOS, RECUERDA:

1. ANCLA EMOCIONES A TUS HÁBITOS.
2. USA EL AMANECER ÉPICO.
3. EXPLOTA LA LEY DE LA GALLINA.

PARTE III.
Saliendo del infierno

 Saliendo del infierno

Quiero felicitarte por estar aquí, has superado varios escalones del infierno. Este momento es muy importante para ti, estás ya saliendo del infierno y vas rumbo a tomar el camino del éxito. Una vez estés fuera, debes adaptarte a estar ahí y no caer. Debes empezar a tomar acción, para cada vez estar más cerca de tus metas.

"El camino hacia el éxito es tomar acción masiva y determinada." - Tony Robbins.

En la primera parte del libro, aprendiste a derrotar las voces del infierno. Esas voces que te limitan, que te dicen que no puedes y te siembran miedo. Aprendiste a cambiar su significado, para tener la motivación necesaria para salir adelante. También, diste un recorrido por los malos momentos que has vivido, viste que lo que has hecho hasta ahora, te ha llevado al infierno. Te has reconciliado con tu pasado y has tomado las lecciones que necesitas para salir del infierno. Recuperaste las ganas de soñar, de ponerte metas y lograste que te diera igual lo que digan los demás. Has superado retos para cambiar hábitos e incorporar nuevos

hábitos en tu vida. Acuérdate, nuestros hábitos determinan nuestro comportamiento; y por eso es importante que tengas hábitos que te acerquen a tu meta.

Hasta ahora, le has dado la cara al amor, al dinero y a tu salud. Sabes ahora, hacia donde te debes dirigir en esos aspectos de tu vida.

En esta sección del libro, vas a comenzar a salir del infierno. Vas a ver la luz en esta oscuridad donde vives y vas a poder ser un ganador increíble. Todo está en tus manos y estoy aquí para ayudarte ¿Me sigues?.
Vas a empezar a cambiar como persona, el cambio es importante para lograr salir del infierno. Acuérdate, que debes cambiar tú, para poder bendecir a los demás. Vas a ser una persona más segura, vas a dejar de ponerte excusas, que te alejen de tus objetivos en la vida. Vamos a hacer hincapié en salir de la zona de confort. Si logras hacerlo, estarás más cerca del éxito.

Salir de esta zona, te traerá grandes beneficios en tu vida; ganarás más experiencia, aprenderás más, tendrás mejores relaciones, surgirán nuevos negocios y tendrás más vitalidad. Para que logres esto, te pondré retos que deberás cumplir. Esta parte te ayudará a definir tus metas; estas metas te darán más claridad en tu vida, lo que hará que explotes tu máximo potencial, para que maravilles al mundo entero con tus triunfos.

El camino hacia el éxito

¿Has tenido miedo en tu vida? ¿Cada vez que intentas algo nuevo, te aferra la idea de fracasar? El salir de la zona de confort, te ayudará mucho a superar tus miedos. El miedo será tu mejor amigo, va a ser tu energía para superar cualquier obstáculo que te encuentres. Vas a aprender, a gestionar el miedo que te produce la aproximación hacia nuevas personas. Serás capaz de hablar con desconocidos, al principio te aterrará la idea, pero vas a ver como puedes lograrlo. No dejaré de ponerte ejercicios, recuerda que el progreso te hará feliz y a la vez, te hará salir del infierno.

Estás a punto de dar un gran paso en tu transformación, no te rindas. Hasta ahora, lo has venido haciendo bien. Grandes cosas vendrán a ti, se abrirán puertas de victoria y tú vas a cambiar.

¡Vamos a ello!

 Empieza a cambiar

Tu transformación personal, es sinónimo de cambio. Debes ser como un ave fénix, estás resurgiendo de tus cenizas, para volar más alto y ser más fuerte. Si quieres una vida nueva, debes cambiar. Si quieres éxito, debes cambiar. Debes cambiar de hábitos, rutinas, dieta, ingresos, relaciones, incluso de país o casa, si deseas salir de manera radical de la zona de confort, ya que forma parte de tu cambio. Tienes que ser capaz de probar de qué estás hecho. A las personas de éxito les encanta sentirse incómodos, aman el caos y logran ordenarlo.

Aprender un nuevo idioma, tocar un instrumento, practicar un nuevo deporte, son cosas que parecen muy sencillas. Pero creas o no, son parte de tu cambio; hacen que tu mente se expanda y sea invencible ante los monstruos del infierno. Debes estar reinventándote constantemente, tu creatividad se va a disparar y encontrarás soluciones, a los problemas que se te presenten.

En mi primera depresión, yo como persona tenía que cambiar por completo. Estaba sumergido en el infierno y si no cambiaba, las posibilidades de morir eran cada vez más grandes. Debía ser una nueva persona, que la gente ni

pudiera reconocer. Era joven y tuve la fortuna de que eso me pasó a esa edad, si me hubiera pasado en un momento posterior, no estaría aquí. Me preocupé mucho por cambiar, pedía ayuda como loco, pero nadie era capaz de brindármela. Me refugié en la biblia, leía salmos mientras estaba en clase, tenía fe de que saldría del infierno. Debía cambiar mi comportamiento y mi forma de ver el mundo. Tenía que comprender, que primero debía cambiar yo y que debía enfocarme bien. Estaba atravesando una situación muy difícil, yo era una decepción para muchas personas. Me convertí en un ave fénix, resurgí de mis cenizas; salí de mi zona de confort y aprendí de mis errores. Logré cambiar para seguir en el camino del éxito y uno de mis sueños lo hice realidad, estar viviendo donde vivo actualmente.

En mi segunda depresión, una vez más debía cambiar. Si cambias la forma de ver el mundo, tu mundo cambia y es ahí, cuando grandes cosas suceden. Me gusta decir siempre, que uno debe cambiar para bien, no para mal. Cambiar para mal es retroceso, es decrecer. Parar de crecer es morir.

En ese momento, sucedían muchas cosas. Yo debía cambiar mi forma de ver las relaciones. Tenía que aprender, que debía estar con personas de éxito, personas que me aportasen cosas buenas a mi vida. Sabía que debía cambiar yo, para poder ayudar a los demás. Cambié mi forma de pensar, dejé de ver todo desde el lado negativo, para comenzar a ver todo desde un lado positivo. Desarrollé la fe y cambié las creencias limitantes, que me estaban impidiendo avanzar. El cambio me ayudó, a dejar atrás muchas cosas que me tenían atado y no me dejaban avanzar. Uno no puede ser egoísta, uno debe ser humilde. Tienes que ser humilde contigo mismo y aceptar que debes cambiar, para ser un ganador.

Por ejemplo, si tienes dificultades económicas, debes cambiar la relación que tienes con el dinero, para poder tener más dinero en tu vida. Si estás siempre persiguiendo el dinero, este se aleja. Si tú vas con calma, firmeza y entregas valor al mundo, el dinero va a ir fluyendo e irá apareciendo en tu vida.

Debes saber lo que quieres en la vida, debes tener claridad en las metas que debes conseguir. El sufrimiento que hayas tenido en tu pasado, debe servirte en este momento como fuente de energía. Cuando sufres lo suficiente, tienes más motivación. Cuando tienes motivación, te organizas y vas a por tus metas.
¿Pero cómo hago para organizarme? No te angusties, pronto vas a aprender eso.

Vas a cambiar tu estilo de vida. Si de verdad estás comprometido con salir del infierno, debes grabarte a fuego lo que te diré a continuación: **Debes sentirte cómodo con estar incómodo. A nosotros no nos gusta estar incómodos, siempre queremos todo al alcance de nuestras manos y por eso no progresamos. Debido a esto, debes hacer cosas que no te atreves. Es clave para salir de la zona de confort y empezar a cambiar tu vida.**

El camino hacia el éxito

Todo lo que es cómodo para nosotros y no supone un esfuerzo, está dentro de la zona de confort. Son las cosas que toleramos, como por ejemplo, tu jefe, la mala pareja que tengas, tus malos amigos, el empleo que tanto detestas, el no hacer ejercicio y mucho más.

De seguro que al llegar aquí, ya te sientes muy angustiado, porque estás viendo los peligros que conlleva estar en la zona de confort y deseas salir YA de ahí. Pero, debo decirte primero, que te tranquilices. Esto no es algo de un día para otro. Puedes lanzarte ya a hacer cosas que no te atreves, pero podrías entrar en pánico y será más difícil que cambies. Este es un método de alto impacto, que podrías usar en determinadas cosas del día a día, pero no te lo recomiendo para cosas a largo plazo, como es en este caso tu transformación.

Salir de la zona confort es un proceso; se va paso a paso, para incorporar nuevas cosas a tu vida. Puedes empezar por aprender algo nuevo, como tocar un nuevo instrumento, hacer un deporte, alguna arte marcial o hacer un curso de algo que te interese. De esta forma, estás expandiendo horizontes y abres un mundo de oportunidades infinitas. Otra cosa que te recomiendo y que debes hacer, es hablar con desconocidos, vas a relacionarte con personas de éxito y podrás aprender muchas cosas de ellos, que van a ayudarte a conseguir el éxito que tanto deseas.

Comienza también a cambiar tus actitudes, deja de ser negativo, se más optimista y no te rindas. Habla de cosas

positivas, ignora todo lo negativo. Deja de ser una persona amargada, ten más empatía y alégrale el día a los demás, con una simple sonrisa y un abrazo estás haciendo algo grande.

Deja el miedo a un lado y haz cosas que te asusten. ¿Te dan miedo las alturas? Salta de un paracaídas. Lo puedes hacer perfectamente con un guía, va a ser una experiencia muy excitante en tu vida y vas a ver, que el miedo no existe. El miedo es algo que crea tu mente. Hazlo y no lo dejes para después. Al principio, va a ser muy duro salir de la zona de confort, pero si comienzas desde hoy, a hacer estas cosas que te estoy diciendo, verás que a largo plazo te vas a beneficiar muchísimo.

Te lo he dicho anteriormente y quiero que lo tengas grabado. Tienes que sacar tu máximo potencial. No basta con hacer estas cosas a media máquina, implícate al 100% y da lo mejor de ti. Si das lo mejor de ti, vas a salir sí o sí del infierno.

Nos ponemos excusas de todo tipo, para evitar salir de la zona de confort:

"Esto no es para mí".
¡Corta ya ese pensamiento! Tú puedes hacer lo que quieras, estás hecho para ser una persona exitosa en la vida. ¡Sí que es para ti! Estás dejando una oportunidad muy grande, que no debes dejar escapar.

"No es el momento".

El camino hacia el éxito

¿Cómo que no es el momento? **SIEMPRE ES EL MOMENTO.**
¿Cómo vas a ser bueno en algo, si nunca lo has probado? Ve y corre por ello, tu momento ha llegado y es ahora. Expande horizontes, es el momento para que dejes ese trabajo y veas de qué estás hecho. Es el momento para que viajes por el mundo y vivas experiencias maravillosas. Es el momento para que montes ese negocio online, es el momento para que te mudes de país y tu mente se abra.
"Cuando X cosa pase".
Cuando dices que lo harás después, nunca logras hacerlo. Tú mismo te estás poniendo una barrera, que harás que te lleve al infierno. Cuando dejas algo para después, matas tu éxito y te quedas en la zona de confort. Siempre es el momento para hacerlo, siempre es el momento para triunfar. Es ahora o nunca.

Quizá le dijiste a tu pareja, que luego iban a comprar ese coche o que iban a hacer ese viaje. ¿Verdad que no lo hiciste? ¿Es cierto que luego la vida te puso más obstáculos? Eso pasa porque no fuiste agradecido con la vida, no aprovechaste la oportunidad de crecer y ser mejor. Cuando postergas algo, alimentas a tu ego, te gusta tener la razón y no entiendes que la única forma para salir del infierno, es saliendo de la zona de confort.

Cuando sales de la zona de confort, es cuando más creces. Al principio no te sientes bien, te sientes "incómodo". Pero no debes preocuparte, si sales vas a llegar lejos. ¿Llegaré lejos? ¡Sí!. Tu cerebro se acordará de las situaciones de crecimiento,

independientemente si hubo momentos difíciles, tu cerebro se va a acordar de lo que aprendiste, te sentirás orgulloso e irás a por más. No es fácil, pero debes empezar a tomar acción.

Mudarte un tiempo: Una de las mejores formas de salir de la zona de confort, es que te vayas a vivir a otro sitio. Si siempre has estado viviendo en el mismo lugar, significa que te estás limitando. Sal y visita a otro país, conoce una nueva cultura, aprende un nuevo idioma y conoce nuevas personas. Hoy en día, hay plataformas en internet, que te permiten viajar a un coste muy económico, si te ofreces como voluntario. Si eres bueno haciendo marketing, tomando fotos, cocinando, etc., te dan la estadía gratis. Esto hace que tengas nuevas oportunidades y que puedas revolucionar tu vida.
¿Cómo vas a crecer si sigues estando en el mismo lugar, con la misma gente y con la misma mentalidad? La capacidad de tu cerebro se ve beneficiada, cuando sales a conocer nuevos lugares.

Según la Sociedad Española de Neurología, viajar a nuevos lugares, hace que obliguemos a nuestro cerebro a usar todas sus capacidades, manteniéndolo sano y activo. La novedad y el desafío, son una forma de entrenar a nuestro cerebro. Si sales del sitio en el que estás ahora, harás que tu cerebro se vuelva más plástico, creativo y tendrás mayor capacidad de comprender. Tu felicidad va a aumentar, el estrés va a disminuir y físicamente estarás mejor. Cuando entrenas y estimulas a tu cerebro, este se vuelve más resistente al

deterioro de la edad y a los síntomas de las enfermedades neurológicas. ¡ESTÁS DÁNDOTE MÁS AÑOS DE VIDA!

Por eso me encanta viajar. Cuando viajo, vivo experiencias maravillosas, aprendo de nuevas culturas, conozco gente y veo que todo es posible en la vida. Mis ganas de alcanzar el éxito aumentan. Yo hasta los 15 años, estuve viviendo en América Latina. Siempre tuve el sueño de vivir en Europa, hasta que lo logré. Hubo un punto, donde mi familia se sentía incómoda de estar viviendo allá; yo sentía que no llegaría a nada y mis padres estaban cansados, sentían que no podían crecer más. Por eso me vine a Europa. He aprendido muchísimas cosas, puedo conocer muchos lugares, me he relacionado con mucha gente y sigo creciendo.

Entra en caos y pon las cosas en orden. Siéntete incómodo, haz algo totalmente nuevo. Una vez seas capaz de adaptarte a esa situación, ve y entra de nuevo en caos. Que sea un círculo, que cada vez te haga más grande y exitoso.

Como te he dicho antes y verás más adelante, debes crear rutinas que te hagan un ganador. Planifica tus días, en base a conseguir tus objetivos. Esto va a hacer, que siempre estés avanzado, para alcanzar tu mejor versión y seas la persona que hace sus sueños realidad. Acostúmbrate a estar siempre en crecimiento, aprendiendo de los mejores y aplicando tus conocimientos.

Por ejemplo: Apenas te levantes, puedes hacer una meditación que te eleve tu energía, para afrontar los retos del

día. Luego, te preparas un desayuno saludable y sales a hacer ejercicio. Después, continúas haciendo las actividades, que te hagan conseguir tus metas. Por la noche, puedes formarte, leer algún libro sobre el área que deseas mejorar en tu vida y justo antes de dormir, puedes hacer otra meditación, para que estés en la sintonía de tus objetivos.

Vive tu vida como si estuvieras escribiendo un libro. Tu vida debe ser como un premio Oscar. Que tu vida sea tan increíble, que justo antes de morir, seas capaz de recordar todos los éxitos que has alcanzado; y que hayas dejado un legado en el mundo.

Hazte la siguiente pregunta:
¿Este último año es interesante para mi libro? ¿Hace que mi historia sea apasionante?
Reflexiona sobre ello y elabora una lista, de las cosas que consideres que debes quitar de tu vida y de aquellas que deberías hacer, para que tu libro sea interesante.

Tu máximo potencial, debe estar en un estado de ansiedad relativa. No debes sentir ni demasiado estrés, ni demasiada ansiedad. Tampoco puedes estar aburrido, porque si no hay retos que te hagan exigirte, no progresas. Consigue un equilibro, <u>un estado de flow (estado de flujo que veremos en breve).</u>

Ahora quiero que hagas una lista de sueños, que debes alcanzar en 5 años:

El camino hacia el éxito

Pregúntate:
¿Puedo alcanzarlo en un año?
¿Qué tendría que cambiar para alcanzarlo?

Ahora quiero que hagas una lista de cosas, que consideres que tendrías que cambiar:

Para no sentir presión en ti mismo, te recomiendo que te pongas metas "pequeñas". Para que a medida que vayas escalando, vayas por metas más grandes y seas capaz de conseguirlas.

Créeme, el confort es aburrido. Diseña tu vida en una ansiedad relativa, que te haga ir a por lo que quieres. Ponte fecha límite para conseguir tus metas (verás como planificar esto), léete un nuevo libro, crea un nuevo proyecto, conquista el mundo y rompe el patrón que has venido siguiendo. MUÉVETE.
Ve y llama a un viejo amigo y dile lo tanto que le aprecias.
Escucha música nueva y desarrolla tu oído.
Verás lo increíble que es salir de la zona de confort.

No querrás hacerte la pregunta: ¿Y si hubiera …?
Esa pregunta es demoledora, cuando toda tu vida te has quedado en el mismo punto, con la misma gente y con los mismos hábitos.
Hay personas que van a una fiesta y por miedo, deciden quedarse solas o bien, hablar con la misma gente de siempre.

El camino hacia el éxito

Tú debes marcar la diferencia y hablar con gente que no conoces, preséntate y hazlos sentir bien. Otro caso, son las personas que asisten a seminarios y deciden sentarse solos, NO LO HAGAS. Debes interactuar con las personas a tu alrededor. Esas personas también están buscando el éxito como tú y son buenas compañías que te van a enriquecer.

Cuando tú cambias la forma en la que ves las cosas, las cosas que tú ves, cambian. Lo que antes era un obstáculo, ahora es una oportunidad.

NADIE SE HACE GRANDE EVITANDO LA INCOMODIDAD. Mira a Elon Musk, uno de los hombres más ricos del mundo, creador de SpaceX, Tesla y otras compañías, que buscan el desarrollo de energías sostenibles. Tesla, es la marca de coches eléctricos más exclusiva del mundo; y SpaceX, tiene como meta colonizar Marte. ¿Crees que Elon Musk hubiera llegado tan lejos, si hubiese evitado estar incómodo? En el 2008, Musk se fue a la quiebra, todas sus empresas estuvieron a punto de desaparecer. Sin embargo, el decidió no rendirse, buscó la solución y logró despegar exitosamente, uno de los cohetes de su compañía. Si no lo lograba, su vida iba a acabar ahí. Él no tenía otra opción, fue a por ello y lo logró. Salió de su zona de confort, creció y salió del infierno en donde se encontraba.

¿A cuántas personas, que no sean de tu familia, abrazas a la semana (un abrazo de corazón)?
¿Te preocupas por los demás?

El camino hacia el éxito

Abraza más, te sentirás mejor.

Hago tanto hincapié, porque quiero que salgas del infierno. Quiero que veas que la incomodidad es poderosa. Cuando alguien te esté hablando, activa tus 5 sentidos y dale tu atención… Te harás un ser humano más grande.

¿Quieres saber de qué estás hecho?
Renuncia a ese empleo que tanto odias y descubre un nuevo mundo. Cuando renuncies a algo que no quieres, saldrá una mejor versión tuya. ¿Quién dijo miedo? Cuando veas algún obstáculo y quieras superarlo, busca la manera hasta encontrar la solución.

Cuando una oportunidad se presenta a ti, di que sí. No importa si no te sientes preparado, durante el camino te irás preparando. No importa si no salen las cosas como esperabas, ya habrá algo nuevo que te acercará al éxito.
¿Juzgas mucho a los demás?
Si es así, empieza por no juzgar un día y luego ve incrementando. Verás como tu corazón estará mejor. Ten humildad y regala de vez en cuando, un poco de tu tiempo a los demás, no critiques. No seas una voz del infierno para ellos, sé una voz de éxito, una voz que motive a los demás a estar mejor.

El miedo al cambio está alrededor de nosotros, la gente quiere quedarse igual, tiene miedo de lo que pasará. Esto pasa, porque desconocemos los beneficios que trae el cambio

El camino hacia el éxito

y porque no todos están dispuestos a hacer sacrificios, para cambiar sus vidas. Muchos no tienen una razón fuerte para cambiar. Esa razón debe ser una fuente de energía, que te lleve al éxito. Por ejemplo: conoces a un chico/chica que te gusta mucho. Pero tienes un problema, no estás en forma físicamente. Esto te trae problemas en todas las áreas de tu vida; y en concreto, hace que no tengas tanta seguridad. Entonces, ahora tienes una razón para ponerte en forma, lucir mejor ante la persona que te gusta. Comienzas a tener una dieta saludable y todos los días haces ejercicio. Tu mejor versión de ti sale a la luz. Indiferentemente, si logras estar o no con esa persona, te has superado. Has cambiado, eres mejor ahora y tienes más poder para conseguir tus metas.

Está más que claro, que uno cambia cuando el cambio trae cosas buenas. En el ejemplo anterior, el cambio ha hecho que te sientas mejor contigo mismo, luces mejor y tienes más salud. <u>No te conformes con estar "bien", ve a por estar siempre mejor.</u> ¿Con qué vara te mides? ¿Quién te dijo que estás haciendo las cosas bien o que lo hiciste bien? ¿Está saliendo tu mejor versión?
Muchas personas, para sentirse superiores se comparan con personas que viven en el infierno. Lo que ellos no saben, es que están viviendo en un infierno disfrazado, viven en la fantasía de que lo saben todo, cuando ni si quiera tienen un buen corazón. Tú debes mantenerte con personas que retan tus limites. ¿Estás con personas que te retan para ser mejor?

Cuando dices que todo va "bien", algo va mal.

El camino hacia el éxito

TODO DEBE IR EN CONSTANTE CRECIMIENTO Y ESTUPENDO.

¿Por qué debo cambiar?

Cuando tú cambias lo que eres, cambian las actividades que haces. Cuando cambias para ser una persona de éxito, haces actividades que te llevan al éxito. Comienza a pensar distinto, es aburrido ser siempre igual.

Siempre hay que reinventarse, cambiar lo de adentro, para ver distinto lo de afuera. Te pondré un ejemplo: Nick Vujicic, es un orador motivacional, que nació sin extremidades. En su escuela, sus compañeros se burlaban de él, los profesores se resistían a darle clases y a sus 10 años intentó suicidarse. En ese momento, el vio que no quería que sus seres queridos sufrieran y decidió tomar una actitud positiva frente a su discapacidad.

Cuando él tenía 17 años, se encontró con una voz de éxito, el portero de su escuela le dijo "vas a ser un orador". A su primer discurso solo asistieron 6 alumnos. No se rindió y decidió crear su fundación, para inspirar a más personas. Nick logró graduarse en la universidad y ha viajado por todo el mundo, para dar conferencias motivando a cientos de personas. No solo eso, Nick también ha logrado escribir libros, el más célebre de ellos, se llama "Una vida sin límite". Nick se tuvo que reinventar. Fue algo que vino de su interior. Tuvo fe en sí mismo y no se frenó, a pesar de no

tener extremidades.

"Compórtate de tal manera que tus actos te inspiren y te motiven." - Nick Vujicic.

Deja tu ego y ve a ganar.

Deja de ir en broma a por tus metas. A veces, no estamos dando todo nuestro potencial porque queremos salvar a nuestro ego. Tenemos miedo a perder y sentirnos como unos fracasados. No queremos perderlo todo y vamos actuando a media máquina, para sentirnos "seguros". Cuando fracasas, la mayoría de las veces, estás semi-fracasando, dejas todo a medias. Tienes miedo a perder, luego de decir que lo ibas a conseguir. ¿Cuántas veces haces esto? VE EN SERIO.

La falta de humildad te está impidiendo ser exitoso. ¡Sé humilde para fracasar de verdad! Ten humildad para perseguir lo que quieres, sin ver resultados. Será traumático, te dolerá muchísimo… Pero te va a enseñar y se quedará en ti la lección. Date permiso de una vez por todas a triunfar, persigue el éxito, entrégate por completo, piensa en grande y actúa a lo bestia. Tu única opción es el éxito y en caso, de haber entregado todo y no conseguirlo, habrás aprendido una lección, que te ayudará a tener más conocimiento en el tema, para poder triunfar de una vez por todas.
ESFUERZO = DIFICULTAD - MOTIVACIÓN.

Cuanto más motivado estés, menos te costará conseguir

lo que quieres. Por ejemplo, yo estoy motivado a estar escribiendo este libro para ti, por lo tanto, no me encuentro con una dificultad, que me frene para hacerlo. Si estás motivado de conseguir nuevas fuentes de ingreso, te costará menos que a alguien, que no tiene una motivación lo suficientemente fuerte, para superar los obstáculos que se encontrará.

Tú decides en ir a por todo. El fracaso no debe existir en tu mente, solo debe existir la victoria. Pregúntate: ¿Me estoy dando permiso para ir a muerte? ¿Lo estoy haciendo a medias? ¿O tengo miedo a que no salga?
Tú te puedes recuperar de eso, pero no te recuperas de no ir a por todo. La fórmula del fracaso para un ganador, debería ser la siguiente:

FRACASO = APRENDIZAJE.

No le llames más fracaso, llámale aprendizaje. Hazte amigo de él, te enseñará muchísimo.

NO TE AMARGUES.

Una de las cosas que he aprendido de uno de mis mentores, es que tú como persona que estás saliendo del infierno y que quieres ser una persona de éxito, debes ser dueña de tu destino y disfrutar del proceso que te lleva al triunfo.

TRIUNFAR = REALIZAR TUS SUEÑOS + DISFRUTAR

El camino hacia el éxito

DEL CAMINO.

- Para conseguir lo que quieres, debes desarrollar el hábito de centrarte en cosas que son importantes y sobre las que tú puedes influir.
- Para disfrutar del camino, diseña tus retos para que te mantengas en la zona de flujo.

El psicólogo Mihaly Csikszentmihalyi, define la zona de flujo, como el secreto a la felicidad. *"Es el estado mental operativo, en el cual una persona está completamente inmersa en la actividad que ejecuta. Se caracteriza por un sentimiento de enfocar la energía, de total implicación con la tarea; y de éxito en la realización de la actividad."*

Pregúntate: ¿Cómo te centras? ¿Qué cosas haces que no son importantes?

Implícate en cosas que son importantes y de las que tienes control (área de influencia). No te impliques en cosas que: No van a mejorar tu vida y no están dentro de tu área de influencia. Deja de estar viendo las redes sociales de los demás, deja de estar viendo programas de televisión, que cuentan las desgracias de otras personas. Te la pasas perdiendo el tiempo, con gente que no es importante en tu objetivo y sigues estando en el infierno. Esto es importante de que lo sepas, ya que así estarás desarrollando tu Locus de control interno: percepción de que tu destino, es producto de tus propias decisiones y acciones, más que de factores

El camino hacia el éxito

externos.

Debes diseñar tu vida como si fuese un videojuego, equilibrando el reto y habilidad percibida. Si te estás angustiando mucho, significa que el reto está muy alto; si te aburres, tu habilidad está por encima del reto. Procura nivelarlos. Verás que vas a disfrutar del proceso. El reto debe estar a tu alcance y a la vez exigirte.

TEORÍA DEL FLUJO.

RETO > HABILIDAD = ESTRÉS.
RETO < HABILIDAD = ABURRIMIENTO.
RETO = HABILIDAD = FLUJO.

<u>Recuerda de no salir de tu zona de flujo, porque si te sales, estás en problemas de caer en el infierno.</u>

Si te estás agobiando, porque estás poniéndote muchos objetivos en un día; y ves que no eres capaz de entregarlo todo, baja la carga y pon menos objetivos en un día. Ve paso a paso y cada día ponte un reto distinto. Por otro lado, si te estás aburriendo, porque sientes que el reto es muy fácil para ti, ponte un reto que te haga exigirte más. Consigue que sea como un juego.

TRABAJUGAR = Convertir la obligación o trabajo en diversión, mediante la optimización de los procesos implicados. Sé creativo en cómo hacer que tu proceso sea

estimulante. Diseña tu sistema para cumplir tus metas.
RETOS POR 21 DÍAS:

- Haz ejercicio todos los días. Puedes salir a correr, ir al gimnasio, nadar o hacer entrenamientos de alta intensidad en corto tiempo.
- Vas a disminuir el consumo de azúcares refinadas y sales. También, vas a quitar comida chatarra de tu dieta.
- Evita el consumo de refrescos, zumos de los supermercados y bebidas alcohólicas. Toma solo agua.
- Saluda a toda la gente que te encuentres y sonríeles.
- No gastes dinero en cosas que no necesites, descarga una app en tu móvil, que te permita gestionar tus gastos.
- Haz cosas nuevas que nunca has hecho.

Si se te ocurre cualquier otro reto, que te permita progresar, apúntalo y hazlo. Ten creatividad y diseña tus propios retos.

PLANIFICACIÓN PERSONAL PARA LA SEMANA:

Escribe las metas que te comprometas a cumplir en la semana. Tómate el tiempo de diseñar la tuya propia, con los colores que quieras :) . Sé creativo y motívate más.

Pon metas importantes, hábitos que quieres adaptar a tu vida y actividades que te acerquen al éxito.

El camino hacia el éxito

	LUNES	MARTES	MIERCOLES	JUEVES	VIERNES	SÁBADO	DOMINGO
MAÑANA							
TARDE							
NOCHE							

PLANIFICACIÓN DEL MES:

MES:

SEMANA 1:

SEMANA 2:

SEMANA 3:

SEMANA 4:

Escribe que es lo que quieres conseguir en el mes. Cada

El camino hacia el éxito

120

tabla de estas te ayudará a enfocarte.

En este capítulo, has visto la importancia de salir de la zona de confort. Ahora sabes que tú eres muy grande, como para quedarte en una zona tan pequeña. Debes ponerte metas que hagan que te muevas y des lo mejor de ti. Estás comenzado a ponerte retos, para salir de la zona de confort y ahora sabes que debes aplicar en tu vida el estado de flow, donde eres capaz de sumergirte en tu meta, sin estar demasiado estresado.

Ahora vamos, a uno de los pasos más importantes para salir del infierno, vas a enfrentar tus miedos y de una vez por todas, vas a salir a comerte al mundo, vas a tomar el camino correcto, el camino del éxito. El miedo será tu mejor amigo, te va a motivar para que te hagas un ganador y seas un referente en el mundo.

Aquí te regalo algunos de los puntos claves que aprendiste en este capítulo:

- Debes ser como un ave fénix, tú estás resurgiendo de tus cenizas, para volar más alto y ser más fuerte.
- Si quieres éxito, debes cambiar. Debes cambiar de hábitos, rutinas, dieta, ingresos, relaciones, incluso de país o casa, si deseas salir de forma extrema de la zona de confort.
- Debes sentirte cómodo con estar incomodo.
- Salir de la zona confort es un proceso, se va paso a paso, para incorporar nuevas cosas en tu vida.
- Comienza también a cambiar tus actitudes, deja de ser

El camino hacia el éxito

negativo, se más optimista y no te rindas.
- ¿Cómo que no es el momento? SIEMPRE ES EL MOMENTO.
- Vive tu vida como si estuvieras escribiendo un libro. Tu vida debe ser como un premio Oscar. Que tu vida sea tan increíble, que justo antes de morir, seas capaz de recordar todos los éxitos que has alcanzado; y que hayas dejado un legado en el mundo.
- No te conformes con estar "bien", ve a por estar siempre mejor.
- ESFUERZO = DIFICULTAD - MOTIVACIÓN.
- TRIUNFAR = REALIZAR TUS SUEÑOS + DISFRUTAR DEL CAMINO.

¿Me sigues?

¡VAMOS!

Hazte amigo del miedo

El miedo… Aquello que tanto te ha limitado a conseguir el éxito que has deseado. El miedo, es uno de los mayores males que tenemos en nuestras vidas, le damos mucho poder, más del que necesita. Nos priva de muchas oportunidades que están ahí afuera, nos traiciona y manipula nuestra mente, para hacernos cada vez más inseguros y mantenernos en la zona de confort. El miedo comienza a desaparecer, cuando somos capaces de hacer cosas fuera de lo normal. Por ejemplo, si tú ahora, comienzas a lanzarte de paracaídas, el miedo a las alturas va a disminuir en ti, y cada vez que sientas miedo antes de realizar un salto, este será el combustible que necesitas, para reforzar el hecho de que debes tirarte en paracaídas.

He comprobado que las personas de éxito, usan el miedo como una herramienta para superarse; también he visto, que la gran mayoría de personas, no saben cómo manejar sus miedos y no hacen nada, no progresan. Ahora es el momento, donde debes cansarte de tener tanto miedo, este es tu momento para superarlo y ganarle de una vez por todas. No puedes resistirte ni tampoco presionarte, lo que debes hacer es gestionarlo y hacer ese monstruo cada vez más pequeño. En este capítulo, vas a comenzar a ser una persona valiente, capaz de cambiar tus creencias. Saldrás del infierno y comenzarás a tomar el camino del éxito.

Hay miedos que son más "naturales", estos son los que nos mantienen a salvo, ante las amenazas que se nos presentan. Por ejemplo, puedes tenerle miedo a las alturas, ya que no quieres caerte y morir. Algunos le tienen miedo a los insectos, las ratas o tienen miedo de animales peligrosos, como las serpientes, leones, tigres, entre otros.

Es normal esto, digamos que es bueno en este aspecto. Si no tuvieras miedo a los depredadores, por ejemplo, tus probabilidades de morir en segundos serían muy altas, ¿Verdad que no quisieras esto? En cambio, el miedo a las alturas, es algo que debes gestionar; ya que si este miedo es muy grande, no podrás viajar en un avión. Mira a los militares, el miedo lo usan como un recurso para hacer bien sus labores. Saben que deben tener cuidado, pero también saben que el miedo es algo que crea la mente, y lo usan como fuente de motivación.

El miedo, en realidad no existe. Es una creación de nuestra mente, para supuestamente mantenernos a salvo. Digo supuestamente, porque si tienes miedo a fracasar, nunca alcanzarás el éxito. Si tienes miedo a hablar en público, tu mensaje de éxito no cambiará la vida de muchas

personas. Pensamos mucho en el miedo, le damos mucha importancia y lo que no sabemos, es qué estamos haciendo que crezca cada vez más y más. Hay gente que nunca logra hablar un nuevo idioma por miedo a equivocarse. Esto es muy triste, te estás cerrando las puertas de conocer nuevas oportunidades en tu vida. El miedo hace que no progreses, hace que te quedes en el infierno.

Cuando has tenido malas experiencias en tu vida, dentro de ti, se está haciendo más poderoso el miedo. Por ejemplo, si alguien que te gustaba te rechazó, ahora mismo tienes miedo al rechazo. Si has perdido dinero, tienes un conocido que lo ha perdido, lo has visto por la televisión, etc., eso hace que tengas miedo a invertir. Si te has hecho daño alguna vez haciendo deporte, ahora querrás no hacer deporte, por miedo a que te pase de nuevo. Por eso es importante, que derrotes a las voces del infierno, que superes tu pasado y que salgas de tu zona de confort. Hasta ahora, has hecho un buen trabajo; todo este progreso te ayudará a que sea más fácil hacerte amigo del miedo.

¿Has escuchado alguna vez que el miedo es creador?
Esto es algo que he aprendido de mis mentores. Muchas veces, tenemos miedo de algo antes de hacerlo. Tienes miedo a que suceda algo malo; y lo que termina pasando, es que algo malo sucede. Esto es porque estabas predispuesto, el miedo que tenías hizo que las cosas salieran mal. En cambio, si no hubieras tenido miedo, las cosas hubieran ido de maravilla. Por eso, muchas veces cuando tenemos

miedo de hablar en publico, lo hacemos mal. El miedo crea un estado de incapacidad en nosotros, que hace que no explotemos todo nuestro potencial.

En ocaciones, yo he tenido miedo de que mi relación con alguien terminara… Adivina, terminó siendo así. El miedo construyó mi realidad, hizo que las cosas salieran mal. Manipuló mi mente y me llevó por el camino que va rumbo al infierno.

La mente pone excusas, cuando emprendes acciones nuevas. Te bloquea, hace que te paralices, todo esto lo hace mediante el miedo. Por eso, debes hacerte amigo del miedo. Predica con el ejemplo, tomando pequeñas acciones, para que tu mente se acostumbre a ello.
Por ejemplo, si ves a una chica/chico delante de ti, tu mente crea excusas para que no le hables. Esto pasa por acciones cuyo resultado desconocemos.¿Qué hace la gran mayoría de las personas? No cambian, siguen igual, siguen dejando que el miedo los gobierne.

Tú en cambio, debes ser diferente. Debes tener habilidades distintas. Haz las cosas que no todos son capaces.

TODO ES MENTALIDAD.

Reta a tu mente, si te pone excusas, pregúntate: ¿Por qué no? Repítete a ti mismo: Vamos a ver qué pasa. Así vas a crear posibilidades de tener éxito. Con más acciones hacia lo que

El camino hacia el éxito

quieras, verás que lo que tú antes pensabas era erróneo. Tu mente crea escenarios catastróficos, para salvarte de un posible "peligro". Pero tú puedes cambiar esto. Cuando tienes la mentalidad y creencias adecuadas, todo va bien.

Creer es crear.

1. No esperes la oportunidad perfecta para tomar acción. Ahora es el momento perfecto. Preséntate ante la persona que te llama la atención. Si vas con miedo, la otra persona lo notará. Respira, relájate, sonríe y ve seguro.
2. No necesitas invitación para hablarle (tampoco molestes demasiado), si se produce el contacto, aprovecha de ser social y hacer sentir bien a la otra persona.
3. Disfruta del momento, ve adaptándote a la interacción.

Los miedos aparecen siempre, hasta que tomamos acción. Es ahí, cuando empiezas a sentirte mejor contigo mismo y todo va a mejor. Sé siempre una persona positiva. Nosotros podemos superar estos miedos, ampliando nuestra caja de creencias. Si tú crees que eres una persona capaz de afrontar cualquier situación, tu mente no va a generar ese miedo que te paralice. Las creencias vienen de cosas que han sucedido y que hemos visto. Determinan tu visión del mundo.

La mente no distingue entre realidad o ficción. Todo lo que creas en la mente, puede ser real. Recuerda los malos momentos de una forma diferente, conviértelos en

El camino hacia el éxito

momentos positivos. Visualiza tu éxito, hazte afirmaciones y tu futuro cambiará.

No podemos conseguir algo nuevo, si seguimos igual. Lo que resiste, persiste. ¿Quieres que te recuerden como una persona a la que le daba miedo todo?

¿Por qué no somos libres?

El miedo es simplemente una reacción del cuerpo. Pero mira… es el picante de la vida. Hace que tus éxitos sean épicos; si no tuvieras miedo, nada valdría la pena. Todo sería aburrido ¿Verdad?. Hace que te superes y está ahí para enseñarte. Debes saber manejarlo, para que sea tu mayor aliado. Si sientes miedo, piensa que viene algo bueno a tu vida.

¿Tienes miedo a que te rechacen?

El rechazado es solo un feedback. Te indica si te falta habilidades y debes adquirir nuevas, te dice si te estás comportando mal y debes cambiar por completo tu comportamiento. A veces, la otra persona no está en buen estado consigo misma y por esa razón te rechaza. No te lo tomes a mal, somos humanos.

¿Qué es lo que se dicen la gran mayoría de las personas a sí mismas, cuando se acercan a un desconocido?:
"No estoy preparado, no sé qué hacer…"

El camino hacia el éxito

Esto se manifiesta en muchas áreas de tu vida. Si te dices cosas positivas, verás como todos tus miedos se van.

Te estarás preguntando: ¿Ahora qué hago?

La experiencia, es una de las cosas que te ayudará a progresar. No puedes esperar salir del infierno del miedo, si sigues estando encerrado en tu casa, esperando a que suceda un milagro. La experiencia te dará un conocimiento muy valioso, porque sabrás manejar las situaciones que te encuentres. Cuando te lances a algo, como puede ser un proyecto o una meta, no debes pensártelo, ponte hacerlo y listo. Ya te apañarás en el camino hacia el éxito. <u>Planea para actuar mejor y actúa para planear mejor.</u>

¿Quieres éxito? Multiplica la tasa de fracasos, fracasa de verdad. Equivócate. Lo que hoy fue un error, mañana será una herramienta que usarás para llegar a la cima.

El mayor riesgo es no correr riesgos. Si solo teorizas, estás enfrentando obstáculos fantasmas. Tu plan de éxito, necesita experiencia para nutrirse. La reflexión solo funciona cuando ya estás rumbo camino a la victoria. <u>El erudito cuenta sus ideas, el ganador hace que sus ideas cuenten.</u>

¿Me sigues? Prepárate para recibir más herramientas para que seas amigo del miedo.

Hay dos tipos de miedo que veremos ahora: el miedo que

El camino hacia el éxito

quieres evitar y el que no quieres evitar.

El miedo que quieres evitar, es el que hace que te frenes de hacer cosas, que te lleven a ser la persona que deseas ser. El miedo que no quieres evitar es, por ejemplo, el miedo que tienes si ves a un león cerca de ti. Este hace que te salves la vida.

También podemos categorizarlos dentro de miedos relevantes e irrelevantes.

¿Qué pasa si te da miedo ser mejor? Este es un miedo que no quieres evitar y que es relevante. Este es el miedo que debes superar. Por otro lado, un miedo irrelevante es, por ejemplo, el miedo que tienes si saltas de un puente. Tú puedes morir tranquilo, sabiendo que no saltaste de un puente; pero tú no puedes morir tranquilo, sabiendo que el miedo te paralizó a hacer, las cosas que te sacaban del infierno y te llevaban al éxito.

Los miedos que debes superar son: El miedo a la pérdida, al proceso y al fracaso.

- **Miedo a la pérdida:** Tenemos miedo de perder paz y seguridad, cuando nos adentramos en el camino del éxito. Te aterra la idea de perderlo todo. Este miedo hace que no lo des todo. Debes darte cuenta de lo que vas a ganar y piensa todo lo que estás perdiendo, por no hacer las cosas que debes hacer, para alcanzar el éxito que deseas, en la área que quieres en tu vida.

- **Miedo al proceso:** Pospones todo, no quieres esforzarte. El proceso es doloroso, tienes que estar constantemente superándote y harás muchos sacrificios. Imagina el proceso como un juego, ese proceso que estás atravesando, te está haciendo fuerte. Debes divertirte, disfrútalo porque pronto verás los frutos.

- **Miedo al fracaso:** El miedo estrella. El de no conseguir lo que nos hemos propuesto. Es PARALIZADOR. Es el miedo que tenemos, por haber hecho todo lo posible para triunfar y no conseguir nada. Recuerda, que no debes llamarle fracaso, debes llamarle aprendizaje.

CÓMO SUPERARLOS:

Determina si tu meta es un deber:
¿Cómo luce la vida que deseas y mereces? ¿Es solo un plan de algún día, quizás…? o, ¿Trabajas activamente para lograrlo?. ¿Es una meta alcanzable y estás dispuesto a comprometerte? El primer paso para vencer el miedo, es identificar si estás creando un objetivo convincente. Si logras esto, ¿Te sentirás bien? Si no lo logras, ¿Estarás perdido?

Profundiza en tu objetivo. ¿Cuál es el resultado ideal? ¿Es el crecimiento financiero, más dinero en tu cuenta bancaria? ¿Quieres la libertad de viajar cuando quieras? Considera cómo se verá tu vida, si no logras este resultado y compáralo con el aspecto que tendrá tu vida, si lo haces. Una vez que

El camino hacia el éxito

sientas que tu objetivo es esencial, el temor de no intentarlo, tapa el miedo al fracaso, entonces es cuando te sentirás motivado a actuar.

Identifica las excusas:

El miedo te hace aplazar las cosas. *"Estoy bien, tengo otras cosas que hacer".* Te van a sonar estas excusas porque probablemente, te las has dicho. ¿Son ciertas estas afirmaciones o estás inventando excusas por miedo al fracaso? Es más fácil inventar excusas, que dedicar tu energía en alcanzar el éxito; pero las excusas, te harán sentirte insatisfecho.

Reconoce tus excusas y busca la manera de quitártelas de encima. ¿Te sientes cansado? Duerme más temprano. ¿No tienes tiempo? Planifica tu día mejor. La próxima vez, que se te ocurra una excusa, toma la decisión de no hacerle caso a la voz que te dice "no lo hagas", porque no te ayudará a crecer a largo plazo.

Adopta una mentalidad de crecimiento:

Cuando tienes miedo, tiendes a quedarte en el mismo sitio. ¿Y si fallas? Empiezas a pensar que no lo lograrás. Cambia el mensaje que te dices. No se trata de lograr algo y ser perfecto en cada paso que das. Nadie es perfecto, deja de enfocarte en eso. Se trata de sentirse cómodo con lo que no sabes y continuar de todos modos.

El camino hacia el éxito

"No importa cuántos errores cometas o cuán lento sea tu progreso, todavía estás muy por delante de todos los que no lo intentan" - Tony Robbins.

A medida que trabajas en superar el miedo, te darás cuenta de que habrá muchas pruebas. Tan pronto como hayas aceptado, que el camino al éxito incluye el crecimiento personal y el cambio, estarás más cerca de alcanzar tus metas.

Encuentra información en el dolor:

Ni a ti ni a mí, nos gusta el dolor. Hacemos todo lo posible para evitarlo. Pero el dolor es un mentor que tenemos… Es nuestro sensei. Si aceptas que tu vida y los esfuerzos que hagas para alcanzar tus metas, en ocaciones serán dolorosos, las experiencias dolorosas se convertirán en oportunidades para ser más grande. No importa el tipo de dolor que tengas, lo que importa son las enseñanzas que sacarás de esas experiencias y cómo las vas a aplicar en el futuro. En lugar de darle el poder de decisión al dolor y el miedo, elige activamente aprender de esos momentos y dolores, para tener el control de tu vida, el mando de tu barco.

Acepta el peor resultado posible:

NO VAS A MORIR. ¿Cuál es el mayor miedo que tenemos cuando queremos lograr nuestros objetivos? El miedo a fallar. Como te he dicho en repetidas ocaciones, el fracaso es un maestro, incluso llega a ser mejor maestro que el propio

El camino hacia el éxito

éxito. Si aceptas que el fracaso es inevitable en el camino al éxito, tendrás menos miedo. El fracaso puede darte un impacto positivo en tu vida.

Agradece el peor resultado posible, es una enseñanza de la vida.

Todos fallan, grandes líderes, empresarios, deportistas. Todas las personas de éxito, han fracaso al menos una vez en sus vidas. La sociedad se abstiene de hablar de fracaso y solo ve los éxitos. Esto hace que pensemos, que llegar a la cima es algo fácil. Todos se fijan cuando lo logras, pero nadie se fija en las veces que te has levantado, para seguir adelante. Los más exitosos, se hacen grandes cuando fracasan. Si te das cuenta, de que el miedo al fracaso te impide lograr tus sueños, más pronto aceptarás la posibilidad de fracasar y seguir adelante.

La manera en la que respondes al miedo, es lo que te diferencia del resto.

Trabaja para conseguir el mejor resultado posible:
Mejora tus capacidades, cada paso que das te hará un imán del éxito. No salgas de la zona de flujo o sigue progresando. Estos son los pasos que debes seguir, para superar tus miedos. Practica estos conceptos, para que sean parte de ti.

La inseguridad.

El camino hacia el éxito

"Las inseguridades debes cambiarlas con acción. Prepárate para los eventos del día a día".

A mayor seguridad, más viable es que logres lo que te propones. Hay gente que no tiene fe en sí mismos, esto los hace personas inseguras e infelices. La buena noticia, es que nunca es tarde para ser feliz.

Si algo que hiciste salió bien: EXCELENTE. Si salió mal: Te apalancas en la situación, te haces fuerte, aprendes y sigues teniendo fe en ti mismo. No pierdas nunca la seguridad en tu plan.

Cuando eres tímido, tu voz interior dice que te quedes en la zona de confort. Pero cuando tú vas y le hablas a alguien, esa voz se va. Te llenas de confianza y no hay nada que te pare. Estás para grandes cosas.

El precio de la grandeza, es la responsabilidad del pensamiento. No seas pesimista, piensa siempre en positivo. Construye la historia que te mereces. Nunca serás tú, mientras no hagas lo que sabes hacer. Tu voluntad debe ser a prueba de balas. No puedes venirte abajo, porque te sentirás inseguro. Yo he sido por mucho tiempo una persona tímida, pero aprendí que la forma para quitarme eso, era tomando acción.

La timidez excesiva, solo le gusta a tu mamá, que te quiere con todos tus defectos y a una pareja dominante, que te quiere ver hundido. Es una fuente de atraso, es un cáncer. La timidez sabotea nuestros sueños. Quizá, a ti te

El camino hacia el éxito

ha dado miedo levantar la mano, cuando estabas en clase o en alguna conferencia. Tenías miedo de que el resto, se burlara de ti. Pero déjame decirte algo, a mí también me pasó lo mismo. ¿Qué hice? Levantaba la mano igualmente, no me importaba lo que los demás iban a decir de mí, me importaba mi progreso y mi éxito. Esas personas que se burlaron de mí, nunca cambiaron y no saben qué hacer con sus vidas. Se tú la persona, que se atreve a levantar la mano. ¿Has tenido miedo de hablar en público? Ese miedo es mental y se quita, cuando te atreves a hablar en público y disfrutas del momento.

Te conté anteriormente, que cuando yo tenía 12 años, me enamoré perdidamente de la chica más guapa y popular de mi colegio. Todos estaban locos por ella, tenía a todos los hombres del colegio a sus pies. Tenía lo que quería, era toda una diva. Yo era un chico normal, con calificaciones muy regulares y me importaba más jugar al fútbol. Era muy temperamental en esa época, era un guerrero como mi padre. Llegó el cumpleaños de esa chica y yo quiera darle algo especial, yo quería quedar como un caballero y hacer algo que ella no olvidara. Estuve varios meses planificando que regarle y como dárselo, para mí era muy importante.
Yo era un chico muy tímido en aquel entonces. No me atrevía ni siquiera a hablarle mirándola a los ojos, me temblaban las piernas cuando me acercaba a ella. Decidí que iba a dar un discurso frente a toda la clase, iba a felicitarla por su cumpleaños y decirle lo especial y hermosa que era. Me puse frente mis compañeros, las piernas me temblaban, pero era

el momento de tomar acción. Capté la atención de todos y di el discurso. Fue un gran momento, fui valiente, dejé mis miedos atrás y decidí expresar mis sentimientos frente a todos. La hice sentir especial el día de su cumpleaños, le di su regalo y muchos de mis compañeros, me felicitaron por mi valentía. Algunos no me respetaban hasta ese momento, vieron que yo era capaz de dejar la timidez y el miedo atrás, para sacar lo mejor de mí. Hice lo que otros no se atrevían a hacer. Hice lo que hace una persona que lucha por sus metas y que quiere alcanzar el éxito. Pude haberle dado el regalo y punto, pero no, quise ser diferente. A pesar de eso, la chica nunca se fijó en mí, pero yo fui valiente y me superé a mí mismo.

Tiempo después, me atreví a hacer lo mismo, pero con otra chica :) Esta vez en mi discurso, no iba a decir su nombre, ella sabía que el discurso iba para ella, pero quería guardar el anonimato, ya que el coordinador de secundaria se encontraba ahí; coordinador que meses después, intentó secuestrarme.

¿Ves que a pesar, que una persona quiera hacerme daño, yo me atreví a dar la cara y expresar mis sentimientos? Ese discurso, era mi única opción de decirle lo que yo sentía, si dejaba escapar esa oportunidad, iba a arrepentirme mucho.

Le prometí a mis profesores de confianza, a mi padrino y a mi mejor amiga de ese momento, que yo iba a dar ese discurso, sin importar lo que dijera la gente, yo iba a ser

El camino hacia el éxito

valiente. Dejaba de ser un niño, para convertirme en un hombre. Una vez más, me temblaba todo, pero me lancé al agua y lo logré. Algunos me felicitaron por mi valentía, otros me miraban mal, porque yo había hecho algo que ellos no se atrevían a hacer. Llegué a casa y abracé a mi padrino, le dije que gracias a él, eso había sido posible. Lamentablemente, la chica se burló de mí y no le importó que yo demostrase con toda mi valentía, que yo la amaba. El lado bueno, es que fue un gran aprendizaje, mejoré como persona e hice algo nuevo en mi vida.

Si siempre has sido tímido y has tenido miedo a hablar en público, pregúntate: ¿Ese miedo es por algo malo que te pasó? Toma esa lección y ahora hazlo mejor. ¿Es porque simplemente tu mente crea ese miedo? Pues ve y hazlo, es lo mejor que puedes hacer para tu bien. No importa lo que digan de ti, lo que importa es que hagas cosas que te acerquen al éxito. Al final del día, habrás aprendido y estarás mejor preparado, para alcanzar el éxito. Tú haces cosas que pocos hacen, porque tú eres diferente y porque tú eres capaz de salir del infierno.

Ahora te invito, a que hagas un ejercicio de introspección. Vas a conectar con la mejor versión de ti, vas a sacar tu máximo potencial y elevarás tu energía para salir del infierno. Comprométete y hazlo, no lo dejes para después. Tu momento para salir del infierno, ha llegado.

Ve a la meditación:

El camino hacia el éxito

¿Cómo te sientes ahora?

Quiero felicitarte porque has hecho la meditación. Estás dando un paso más en el camino al éxito. Realiza esta meditación, durante 30 días y verás como empiezas a resurgir, cual ave fénix. Esta meditación, te ayuda a sacar todo el potencial que tienes, cuando empiezas a conectar con tu parte positiva, todo empieza a cambiar.

Te invito ahora a que hagas la segunda meditación:

Ahora vas a hacer un ejercicio para cambiar de estado.

El camino hacia el éxito

Pasarás de sentirte mal a sentirte estupendo, maravilloso y poderoso.

¡Felicidades! Has dado un gran paso para salir del infierno. Lo estás logrando, eres amigo del miedo, el miedo ahora será combustible, para que alcances tus metas. Eres capaz de lograr cualquier cosa.

Hagamos un repaso de algunas cosas que has aprendido:

- El miedo es uno de los mayores males de nuestras vidas.
- El miedo no existe, es una creación de nuestra mente.
- Todo es mentalidad.
- Aprendiste a superarlos.
- Has hecho las meditaciones, que te ayudan a superar esos miedos.

Sigamos en esta aventura. Ya estás cerca de salir del infierno. Ahora, vas a aprender la importancia de enfocarte en ti. Recuerda que el enfoque es poder y que debes enfocarte en ti, para poder cambiar tu vida y luego ayudar a tus seres queridos, a cambiar las suyas. Si no te enfocas en

tus metas, te quedarás atrapado en el infierno. Haz que tu mente tenga claridad sobre a dónde ir, las oportunidades irán apareciendo en el camino. Cuando sabes a dónde vas, llegas a ese sitio. Todo está en tu enfoque. Debes enfocarte en alcanzar el éxito y alcanzarás el éxito. Tu única opción es salir victorioso.

¿Me sigues?

¡Vamos a ello!

 Enfócate en ti

Querido lector, quiero felicitarte porque ya has pasado por varias fases en este proceso. Has conocido lo más profundo del infierno y ahora mismo estás a solo un paso de salir. El enfoque es poder, si te enfocas en lo que quieres, tu mente hará todo lo posible, para encontrar las soluciones que necesitas en el camino al éxito. Recuerda que, tú estás contigo las 24 horas del día, los 7 días de la semana. Naces contigo y mueres contigo. Por lo tanto, solo tú te puedes sacar del infierno, solo tú puedes conseguir el éxito.

Debes quererte y cuidarte eternamente, eres la principal prioridad de tu vida. Si no te enfocas en ti, no vas a poder cambiar. Y si tú no cambias, no serás una fuente de inspiración para tu familia. Perdemos el tiempo en cosas que no son importantes, le damos nuestra atención a personas, que no merecen nuestro tiempo. Hacemos cosas que desvían nuestra atención, de lo que realmente importa: nuestro éxito.

Desviamos nuestra atención a las voces del infierno, nos

anclamos a los problemas de nuestro pasado y seguimos viviendo en estado de miedo. Si trabajas en obtener claridad mental, todo se pondrá a tu favor, para que logres lo que quieres. Deja de quejarte y comienza a tomar acción. Tu prioridad debes ser TÚ… Ya luego, podrás ayudar a los demás. Ayúdate a ti primero, para poder ayudar a otros, porque si no serás un estorbo.

Anteriormente, aprendiste a derrotar las voces del infierno. Monstruos que te hunden cada vez más y te roban tu energía. ¿Qué suele pasar? Que muchas veces, perdemos el tiempo peleando con otras personas, discutimos constantemente, para tener la razón. Estamos luchando por nuestro ego, en vez de enfocarnos en nosotros mismos. Tú no quieres tener la razón, tú debes buscar los resultados. A mí me solía pasar, que cada vez que alguien me decía algo malo, yo comenzaba a pelear con esa persona, hasta que me dejase en paz. PERDÍA MI ENFOQUE.

Dejaba de atender las cosas, que realmente son importantes, para alcanzar el éxito. Dejaba de quererme a mí mismo, no cuidaba mi salud y dejaba de crecer como persona. Cada vez que le haces caso a los demás, estás matando tu vida. Esas personas que se meten contigo, son inseguras; tienen envidia de que tú seas capaz de transformar tu vida. Ellos ganan energía, cada vez que hacen que pierdas el foco de tu meta. Mira a los caballos de carrera, ellos tienen cubiertos los costados de sus ojos, para que solo se enfoquen en llegar a la meta. Si no tuvieran esto, no serían capaces de ganar,

se distraerían con lo que pasa a su alrededor. Ignora a los demás, la primera prioridad en tu vida, eres tú. Y no se trata de egoísmo, es amor propio.

Creemos que, por enfocarnos solo en nuestro bien, eso es un acto egoísta. No es así. Egoísta es dejar tus metas a un lado, para cumplir las de otro, egoísta es dejarte llevar por tus miedos y nunca ser libre, egoísta es tener todas las capacidades, para ayudar a alguien que necesita auxilio y no apoyarlo. Amor propio es cuidar de ti, es entender que tú debes desarrollarte como persona, para ser un referente para los demás. Debes amarte a ti primero, para poder amar a los demás. Las personas de éxito, no le prestan atención a cosas que no les hace ganadores, solo se enfocan en tomar acción día a día, para ser más grades. Son como los caballos de carrera, van con todo a la meta. Confía en ti, porque tú eres capaz de hacer cosas maravillosas.

A veces, quieres estar complaciendo a los demás, porque de esta manera te sientes aceptado. Estás buscando llenar ese hueco que tienes en tu interior, con la atención de otro. Eso hace que vivas en el infierno. No importa si debes dejar a miembros de tu familia a un lado, no importa si tienes que dejar a tu pareja. Primero estas tú y luego los demás. Es así de simple, una persona que vive en el infierno, no puede ayudar a otros a conseguir el éxito. Tú debes tener una obsesión: CONSEGUIR TUS OBJETIVOS.

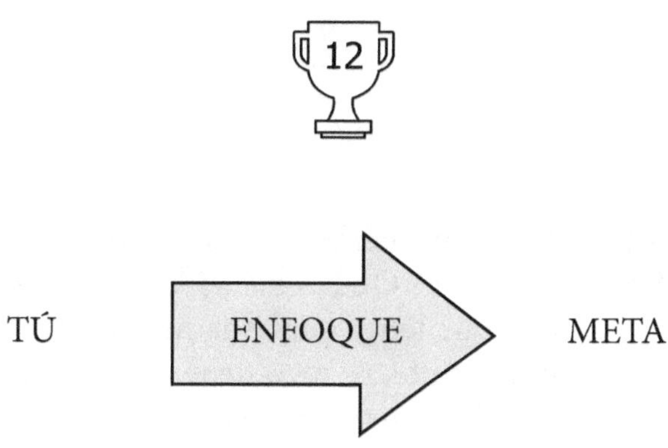

Muchas personas, se quedan ancladas en su pasado. Ya sea, por las glorias que tuvieron o por sus desgracias. Se dicen a ellos mismos, que no son capaces de llegar lejos, se ponen excusas y se quedan estancados. Al no crecer, mueren; perdieron el enfoque de ser personas ganadoras, perdieron el poder que necesitaban como guerreros. Tu pasado ya pasó, no estés mirándolo a cada rato. Lo que debes hacer ahora, es enfocarte en hacer las cosas bien, para tener un futuro mejor. Si estás lamentándote de las cosas que hiciste, serás un perdedor. ¿Quieres que tu vida termine así? No mereces estar perdiendo el tiempo llorando por los errores que cometiste, debes aprender de ellos para que hagas las cosas bien.

TÚ

Pon toda tu atención en lo que quieres, pon toda tu energía, explota tu potencial y usa todos tus recursos. Toma tiempo, no vas a ver resultados de un día para otro, pero poco a poco, tu vida irá cambiando. Tú serás una nueva persona, que está consiguiendo sus objetivos. Ahora mismo, tu foco está en salir del infierno, debes salir de ahí, para poder tomar el

El camino hacia el éxito

camino del éxito. En tu mente, solo debes pensar en esto: SALIR DEL INFIERNO QUE TE ESTÁ MATANDO. Ese foco va a permitir que tengas un vida mejor. Una vez que tomes el camino del éxito, tu foco debe estar en conseguir tus objetivos. Si ahora mismo, te distraes en cosas que no son importantes, nunca saldrás del infierno. Por ejemplo, si en vez de hacer los ejercicios que aparecen en este libro, te pones a estar viendo la vida de los demás en sus redes sociales, tu foco se irá; y estarás metiéndote más y más en el infierno. Lo mismo pasa con tu pasado, si solo piensas en las cosas que hiciste, nunca harás las cosas que te lleven al éxito.

Hay personas que dejan de enfocarse en lo que quieren y se enfocan en lo que los demás quieren. Se convierten en esclavos, sirven a los demás, pero no se sirven a ellos mismos. Están dejando de soñar y de pensar en grande, venden su vida a un precio muy bajo, solo para tener "seguridad". ¿Estás haciendo realidad los sueños de otro? Renuncia ya a eso y comienza a tomar el control de tu vida. Enfócate en hacer tus sueños realidad, deja de vivir en la miseria. Eres tú el único responsable de tu vida. No es momento para que culpes a tus padres, es momento para que dejes de matar tus sueños. Créeme, la vida te va a premiar el foco que le pongas a tus sueños.

Puede ser que tú te hayas enamorado alguna vez en tu vida. Te enamoraste perdidamente por esa persona, no había espacio para otras cosas; tu mente solo pensaba en él/ella. ¿Qué hiciste? Dejaste de cuidarte, para cuidar a esa persona,

dejaste de comer bien, ir al gimnasio, hacer tus objetivos diarios y muchas más cosas, que te mantenían en el camino del éxito. Tu falta de enfoque te afectó tanto, que perdiste el rumbo. Dejaste de ser la persona que eras y la persona que tanto amabas te dejó. ¿Por qué? Porque perdiste tu foco. Antes de amar a alguien, te debes amar a ti. Tu debes cuidarte. No puedes dar amor, si no te das amor a ti mismo. En el amor nos confundimos y pensamos, que solo nos debemos enfocar en la persona que amamos; también que tenemos que dar, esperando algo a cambio. No es así. Tú das desde el corazón y debes amar desde el desapego.

Un doctor no puede salvar la vida de un paciente, si primero no se cuida a él mismo. Esto es así en todas las áreas de la vida. Me ha llegado a pasar, que me he enamorado de alguien, he perdido mi norte y he salido de mi zona de flow. Claro que puedes amar a alguien, pero es mejor amar a alguien desde tu mejor versión. Por eso, antes que todo, debes enfocarte en ti y darte amor.

¿Cómo me doy amor? Mantente en esa zona de flow, que ya hemos visto antes. En la zona de flow, eres capaz de sacar tu mejor versión y hacer que esa persona que tanto te atrae, viva una experiencia maravillosa contigo. Si esa persona está dispuesta, a meterse contigo en la zona de flow, significa que es para ti. ¿Por qué insisto tanto en esto? Porque quiero que sepas, que no puedes estar en una relación, con alguien que no merece la pena. Si vas a estar en una relación, lo mejor es que estés con alguien que te dé su apoyo, para que logres tus metas. En una relación de pareja se ponen metas, toman

acción día día y van por el éxito.

No cometas el error, de olvidarte de la persona más importante en tu vida: TÚ.

En la salud pasa lo mismo, cuando perdemos el enfoque… morimos, es así. ¿Qué pasa cuando dejas de mantener un estilo de vida saludable? Te enfermas, engordas, mueres lentamente, hasta no poder cargar tu cuerpo. Los deportistas de élite, siempre están enfocados en estar en su mejor versión. Les da igual si sus amigos van de fiesta, ellos se van a dormir a buena hora, porque saben que al día siguiente, deben dar lo mejor de sí. Les da igual si están de vacaciones, ellos están siempre activos y mantienen su dieta como atletas que son. En la salud, de tú debes ser así. Debes tener un foco claro y saber que todos los días debes cumplir tus metas, comer bien y hacer ejercicio.

Sin enfoque en la salud, no puedes hacer nada. Te preocupas mucho, por quedar bien con los demás y por eso fumas, tomas alcohol y te drogas. Saca a esa gente de tu vida, si no entienden que tú quieres estar sano, bájalos de tu barco y les dices adiós. Tu salud debe ser mayor prioridad para ti, que la salud de los demás. Tu salud es tuya y por eso debes cuidarla, porque es la que te mantiene vivo. La salud de otro, no te afecta en tu vida. Si la otra persona es obesa y tú estás bien, no te va a afectar, ya que tu foco está en ser una persona saludable.

Toma acción cada día y cuídate. Date amor propio. Si te amas de verdad, aliméntate con comida saludable. Pensamos que nos amamos de verdad cuando nos complacemos comiendo comida chatarra. La verdad es, que tú te estás dando amor, cuando en vez de comer una hamburguesa en la cadena de comida rápida, decides comer un plato de carne o cualquier otra proteína, con bajos niveles de grasa. Te das amor, cuando en vez de tomar una gaseosa, decides tomar agua.

En el dinero, es muy fácil perder el foco. Para nosotros, es mucho más cómodo y fácil morir en un empleo, que tomar las riendas y trabajar por la libertad financiera. No nos damos cuenta, de las cantidades de dinero que gastamos, en cosas que no valen la pena.

Es tanta la ignorancia, que luego las personas se quejan de no tener dinero. No tienen dinero, porque perdieron el foco de su control financiero. Dejaron de buscar fuentes de ingreso y solo se enfocaron en pagar las facturas. Así no se puede vivir; tú no mereces una vida en donde estás estresado por pagar las facturas de la luz, el agua y tu coche. Entregamos nuestra libertad y perdemos el foco de la libertad financiera, nos dejamos llevar por la corriente, hasta caer en el infierno. Debes estar constantemente innovando en tu vida, buscando nuevas formas de hacer dinero, emprender en negocios, invertir, etc. Quieres estar complaciendo a los demás, en vez de estar enfocado en tu bienestar.

Primero debes preocuparte por tus finanzas, para

El camino hacia el éxito

luego ayudar en las de otros. Muchas veces, ayudamos financieramente a los demás, pero nos quedamos sin nada. Lo que pasa, es que toda tu vida te han dicho, que si no das dinero eres un egoísta. Déjame decirte que eso es falso, se equivocaron al decir eso. Mira a gente de éxito, como Grant Cardone o Warren Buffet. Son personas que se preocuparon por ellos, antes de preocuparse por los demás. Se enfocaron en construir un imperio, buscaron diferentes fuentes de ingreso y luego ayudaron otros.

Por ejemplo, por muchos años Grant Cardone, solo se enfocaba en hacer bienes raíces, pero hubo un punto en su vida, donde quiso hacer un cambio. Decidió que además de hacer bienes raíces, quería compartir su conocimiento con otros y cambiar la vida de muchas personas.

Y así hizo, ha lanzado sus cursos de ventas, que ayudan a muchas personas a tener éxito financiero en sus vidas; hace eventos de formación para emprendedores, comparte contenido de valor en su canal de YouTube, ha escrito varios libros y muchas cosas más. ¿Qué quiero que entiendas? Que primero debes preocuparte por TU DINERO. Muchas personas con problemas económicos, deciden tener varios hijos, pensando que de esta manera serán prósperos. No podían estar más equivocados.

Lo que están haciendo en primer lugar, es aumentar las dificultades en sus vidas y en segundo lugar, le están dando una mala vida a esos niños, que están sufriendo la

irresponsabilidad de sus padres. No estoy diciendo que no puedas tener un hijo, lo que quiero decir, es que tú no puedes estar dando algo que no tienes. Primero estás tú y luego los demás.

¿Por qué es importante que te hagas amigo del miedo?
Si no eres capaz de hacerte amigo del miedo, tu foco estará siempre en el lugar equivocado. Estarás evitando todas las oportunidades para ser una persona grande. Cuando no eres amigo del miedo, no puedes hacer nada. Tienes una vida de infierno, no estás capacitado para saltar y comenzar a comerte el mundo. El miedo hace que dejes de mirar por tu bien, hace que estés haciendo lo que tu miedo dice y lo que los demás te dicen.

En cambio, cuando eres amigo del miedo, tienes la motivación de ir a por lo que quieres. Tienes tu foco en mejorar como persona, estás decidido a hacer todo lo que sea necesario, para llegar a donde quieres. No estás para perder el tiempo, estás para sacarle provecho al tiempo y hacer las cosas que viniste a hacer en este mundo. Tú estás aquí para ser alguien de éxito, no estás aquí para morir en el infierno.

Trabaja en lo que debes mejorar.

Lo primero que debes hacer, es poner tu foco en las áreas que debes mejorar en tu vida. Si tienes que mejorar en la salud, comienza a trabajar en ello día a día. Lo mismo en

el amor, comienza a darte amor propio y ama sin ataduras a los demás. Lo mismo con el dinero, comienza a adquirir conocimientos y aplícalos, para crear nuevas formas de hacer negocios. Diviértete en el proceso, pásatelo bien, porque el cambio en tu vida va a ser significativo.

Quiero que hagas una lista de las cosas que quieres mejorar en tu vida y lo que empezarás a hacer:

¿Me sigues?
Pues sigamos progresando para salir del infierno y vayamos a por más.

Pregúntate:
¿Qué resultados quiero? ¿Qué es lo que realmente quiero? ¿Qué es lo más importante para mí?
Hazte estas preguntas para identificar el cambio que debes realizar, en tu forma de como respondes ante la vida.

Debes dejar de enfocarte en cosas que te roban tu atención, que te dan miedo y que te dan placer a corto plazo. Debes cambiar todo eso y enfocarte en lo importante. Estás pendiente de ver que pasa en el parlamento de tu país, estás siempre atento a las telenovelas o los programas de prensa rosa. ¿Qué te importa eso? ¿Estás teniendo una mejor vida por estar viendo eso? Quizás hasta ahora, no te has dado cuenta que todo ese tiempo que perdiste viendo lo que decían, por ejemplo, en aquel programa de televisión, lo podías haber invertido en cosas de valor. En vez de estar

viendo eso, ponte a ver una conferencia, leer un libro o ponte a tomar acción en tu vida.

También pierdes el tiempo poniendo tu foco en lamentarte, porque tienes mucho miedo y no eres capaz de moverte y salir allí afuera a demostrar de qué estás hecho. Yo muchas veces, ponía mi foco en llorar porque alguien que amaba, no me daba su atención. Luego y después de tanto sufrimiento, vi que yo debía dejar eso a un lado, debía aprender de mis actos y mejorar mi vida. Las veces que he tenido depresión, me he preocupado por mí. He agarrado el timón de mi barco y he procurado cambiar mi vida para bien. Lo puedes lograr, todo está en ti, eres más grande de lo que piensas.

Estás siempre buscando el placer a corto plazo. Buscas una pareja que luzca bien, para tener más estatus en tu círculo social y para sentirte bien. Pero no te estás dando cuenta, que no tienes una pareja que te aporta, estás teniendo una pareja que te destruye. Estás con esa persona, porque tienes miedo a sentirte solo y por sexo. Deja el placer a corto plazo, preocúpate por ti. No puedes estar con la primera persona que se te cruce por delante. Si vas a estar con alguien, debes estar con una persona exitosa como tú. Piensa a largo plazo y no destruyas tu vida.

Quieres estar todos los días tomando alcohol o drogas con tus amigos. En tus creencias está, que si haces esto eres "cool". Te sientes con más poder que los demás, pero estúpidamente estas matándote. Tu cuerpo se resiente

cuando consumes estas sustancias. Te dejas llevar diciendo: *"solo es una copa, no pasa nada"*. Claro, en el momento "no pasa nada", porque estás sintiendo placer, pero a largo plazo tu vida está cayendo al infierno. Lo mismo pasa cuando comes comida chatarra, te dicen: *"comerte un helado no te va a engordar"*, con el tiempo ese helado se convierte en más helados, cada vez comes más y más; en menos de un abrir y cerrar de ojos tienes obesidad. Las personas fracasadas buscan el placer a corto plazo, las personas de éxito se preocupan por su futuro.

¿Cuántas veces has evadido las cosas importantes?

Hay muchas "obligaciones" que roban tu atención. Contestar correos, mensajes, quedar bien con los demás, hacer todo lo posible para ser aceptado, ir al empleo que tanto odias, hacer la carrera universitaria que no te dará futuro. Hay tantas cosas que podrías delegar en un profesional, ahorrarías mucho tiempo y te centrarías en **LO QUE IMPORTA DE VERDAD EN TU VIDA, PARA ALCANZAR EL ÉXITO.** Perfectamente puedes contratar a alguien especializado en redes sociales, para que publique los post por ti, también puedes contratar a alguien especializado en atención al cliente. Al principio, es bueno que lo hagas todo tú solo, pero cuando has alcanzado cierto nivel y quieres seguir creciendo, lo mejor es delegar funciones.

Hay personas que roban tu atención. Son personas que quieren contarte sus desgracias, para que te unas a la vida

miserable que ellos tienen. No puedes sentirte mal por sacarlos de tu vida, debes sentir que te estás salvando de caer en el infierno. Hay familiares tuyos, que lo único que quieren es hablar contigo, para criticarte y decirte lo que debes hacer. Todos tenemos a un familiar o conocido que es "experto" en todo; que quiere que hagas lo que él dice, pero no es capaz de aplicar eso en su vida. Mi padre, se fue de casa a los 21 años para ser una persona independiente. Por muchos años, sus hermanas lo criticaban por las cosas que hacía. Mi padre le ocultaba a mi abuelo, la página del periódico donde aparecía su columna. No quería que mi abuelo se molestase, por el punto de vista político que tenía mi padre. Con el pasar de los años, mi padre pudo ser independiente, no le hizo caso a lo que decían ciertos miembros de su familia. ¿Qué sucedió con ellos? No progresaron, se quedaron estancados y decidieron vivir eternamente en el infierno.

Si no tienes un plan, serás esclavo. Ahora que estás empezando, no debes preocuparte por tener un plan perfecto; basta con tener unas ideas básicas de a dónde quieres ir y lo que vas a hacer. El plan te va a ayudar a salir del infierno, va a hacer que progreses. En el camino y gracias a la toma de acción, tu plan cada vez será mejor y tendrás mayor claridad de lo que quieres hacer con tu vida.

El tiempo es emoción. Esa emoción debes anclarla a tu foco. Tu foco es ese punto donde quieres llegar, el tiempo estará a tu favor y lograrás todas tus metas.

El camino hacia el éxito

FOCO = PODER.

Recupera ese poder dirigiendo tu foco al éxito y teniendo toda la emoción para ser un ganador.

¿Qué sucede cuando toda la información masiva viene a ti? Te sientes abrumado, incapaz de hacer lo que realmente es importante en tu vida. Debes ponerle un filtro a las cosas, necesitas información que te haga llegar a donde deseas, información que mejore tu negocio. Estamos con las ansias de querer controlar todo, cuando ni siquiera podemos controlar nuestras vidas.

Muchos de nosotros, somos criaturas de borrar cosas de nuestras vidas. Si no lo hacemos, nos volvemos locos. Borramos lo que supone un gran esfuerzo para nosotros, nuestro cerebro no quiere estar quemando tantas calorías y prefiere soltar cosas, que siente que no necesita.

Nos hemos acostumbrado tanto, a ver como nuestros dispositivos móviles pueden hacer tantas cosas a la vez, que nosotros queremos replicar eso en nuestras vidas. Estás pensando en muchas cosas a la vez, piensas en lo que te dice tu madre, lo que dicen las noticias sobre la crisis, estás pensando en lo que dice la sociedad, también en tus objetivos y piensas en cómo va a quedar el partido de tu equipo favorito. Simplemente, no eres capaz de poner tu atención en tantas cosas.

La gente no logra hacer las cosas por su mal enfoque. Mira a tu alrededor y préstale atención a esas personas que iban a

hacer algo, pero nunca lo hicieron por su falta de enfoque. A ti te ha pasado también, igual que a mi. Pero por eso, ahora nos vamos a centrar en estar en la zona de flow y vamos a hacer las cosas que realmente son importantes y que nos van a llevar a la vida que queremos.

Te voy a preguntar lo siguiente: ¿Por qué no te ejercitas? De seguro que vas a responder: *"Estoy cansado, tengo otras cosas que hacer, así estoy bien, no hace falta hacer tanto ejercicio, el físico no importa, NO TENGO TIEMPO..."* Todo eso son mentiras que te dices, para no sacar la mejor versión de ti. El tiempo es emoción, te enfocas en otras cosas y resultan mucho para ti. Por eso no sales del infierno. **Debes comenzar a enfocarte solo en lo que es importante.**

Por otro lado, no estás pensando en lo que quieres, solo piensas en lo que es doloroso. Te enfocas en el fracaso, en vez de dar tu primer paso rumbo al éxito. ¿Sabes lo que haces luego? Lo pospones, dices: *"ya lo haré"* y nunca lo haces. Cuando te fallas, tu confianza disminuye y todas las áreas de tu vida se ven afectadas.

Cometes el error de fijarte en muchos detalles y eso impide que pongas tu enfoque en tu meta y tomes acción. Hay personas que quieren hacer todo perfecto, pero no hacen nada. Por favor, entiende que no debe ser todo perfecto, ya irás mejorando en el camino. Deja de poner tu atención en cosas tan tontas y pon tu atención en ser un ganador.

El camino hacia el éxito

Si te digo que van a matar a toda tu familia, si no haces ejercicio, ¿encontrarías la forma, verdad? Obviamente, te daría igual todo y te enfocarías en lo que importa, en salvar a tu familia. Esta debe ser tu actitud en todo lo que haces, piensa que si no haces lo que debes hacer, vas a morir. El cambio no es algo de habilidad, es de motivación.

Cuando decides lo que es importante para ti, tu cerebro va a por ello. En tu cabeza no cabe otra opción, solo cabe la idea de que debes conseguir lo que quieres. Tu cerebro comienza a trabajar sin parar, hasta que lo consigues. En cambio, si no sabes lo que quieres, no vas a lograr nada en tu vida. Tu cerebro no estará en modo acción y no progresarás. ¿Quieres quedarte en el infierno o salir de ahí?

Lo que pasa muchas veces, es que las personas están queriendo sobrevivir, en vez de diseñar una vida de ensueño. Viven como si estuvieran en la época de las cavernas, viven como si estuvieran en el amazonas, lo único que ven es peligro y comida. Cuando te pones a diseñar tu vida, ves todo desde otra perspectiva. Es ahí, cuando las puertas de la victoria se abren y el camino al éxito comienza a tener mayor claridad.

Debes obsesionarte con el éxito. Piensa en ello a todas horas, todos los días. No te obsesiones por cosas inútiles, obsesiónate con la grandeza que va a llegar a tu vida. Tú solo debes pensar en el éxito, vas a ver como todo se pone a tu favor, verás que puedes superar cualquier obstáculo, vas

a ver que las soluciones y oportunidades van apareciendo en tu vida. ¿Por qué? Porque tienes el foco en donde debes tenerlo.

Quiero que cada vez que obtengas un buen resultado, subas el listón. No te conformes con el primer resultado bueno que tengas, eso es aburrido. Acuérdate que es un proceso, donde irás obteniendo pequeños resultados, hasta que logres lo que quieres. Las personas de éxito, teniendo de todo en sus vidas, están siempre subiendo el listón. Trabajan en ser los mejores y esto hace que puedan ayudar a más personas. Como dice Tony Robbins, "sube tus estándares".
Te lo repito una vez más: TOMA ACCIÓN. Las cosas no se van a hacer solas, eres tú la persona que cambiará tu vida, eres tú quien te llevará al éxito. Sin acción no hay triunfo.

¿Qué camino debo tomar? ¿El fácil o el difícil?

EL CAMINO QUE TE HACE GRANDE. No puedes estar buscando atajos, muchas personas quieren la respuesta, sin haber analizado la pregunta. La gran mayoría, por no decir todos, quieren las cosas al alcance de sus manos. ¿Sabes lo que pasa? Que no logran nada en sus vidas, porque el camino al éxito no es fácil, te vas a encontrar muchos obstáculos, vas a caer y tendrás que levantarte inmediatamente. Solo las personas que de verdad están comprometidas y que están enfocadas en lograr sus metas, lo logran. Los ganadores toman el camino de la grandeza, los perdedores toman el camino de lo fácil… El camino al infierno.

El camino hacia el éxito

¿Sabes por qué en ocasiones no logramos lo que queremos, incluso cuando lo estamos dando todo?

Por algún conflicto interno. ¿Qué debes hacer?:

- Desbloquea ese candado que te tiene atado.
- Identifica el conflicto.
- Identifica la causa.
- Identifica lo que es más importante hoy y no lo que otros te dicen.

Alinea tu vida con lo que valoras, con tus metas y ve a por ello. Pon tu vida en el camino de salir del infierno y que tome rumbo al éxito. Cada vez que logres una victoria, date las gracias y celébralo. Da amor, da inspiración y da ayuda. Celébralo con tu familia, para que estén orgullosos de ti y vean que eres capaz de transformar tu vida y que si tú lo has logrado, ellos también pueden.

Lo material no te hará feliz, lo que te dará felicidad es en quien te conviertes. Serás feliz cada vez que eres un ganador, cada vez que eres una persona de éxito.

Desde hoy, quiero que te des el regalo de progresar cada día. Demuéstrate que te amas con todo el corazón y que quieres lo mejor para ti.

Tener el foco en tu crecimiento es vivir; es seguir en la transformación de ser un mejor ganador, cada día de tu vida.

¿Sabes cuál es el problema en muchos casos?

El camino hacia el éxito

Buscas sentirte bien con cosas externas, te pones a consumir series y películas de acción, que muestran la acción que no tienes en tu vida. Cuando haces algo más grande que tú, encuentras tu propósito. Si no creces tú, tu familia tampoco lo hace. Empieza a enfocarte en tu meta, para que las puertas al éxito se abran. No seas un estorbo en la vida de los demás, no viniste a este mundo para estar molestando a otros con tu miseria. Viniste a iluminar con tu éxito.

Es cierto, habrá gente cercana a ti que no querrá cambiar. Lo he visto, me ha pasado, se ponen la excusa de que cambiar no es fácil, que es muy difícil para ellos. Es más fácil de lo que ellos piensan, lo que es difícil, es comprender el porqué ellos no aprovechan la oportunidad que tienen delante de sus ojos, para cambiar sus vidas. No pierda el tiempo con esa clase de personas, enfócate en ti y luego preocúpate por aquellos que merecen tu atención. **El mundo está esperando a que brilles.**

Tú eres tu compañero fiel, sé honesto contigo y exprésate; habla de las cosas que puedes hacer y que vas a mejorar. Reflexiona y aprecia cada momento de tu vida. Vida solo hay una, solo tienes una oportunidad para llegar al reino que tanto deseas. Estás preparado para ganar, la vida te va a premiar por el enfoque que tengas. Te lo dará todo… Solo si haces las cosas bien.

Haz una lista de las cosas malas que has hecho y de las que te arrepientes:

El camino hacia el éxito

Ahora:

- Perdona a los que te hicieron daño.
- Haz una lista de las cosas que vas a quitar de tu vida.

No te quejes por las cosas malas que hicieron tus padres. Ámalos y dales las gracias. Ellos a pesar de sus errores, hicieron que estuvieras aquí. Gracias a ellos, ahora estás transformando tu vida. Deja el odio, déjalo ir. El odio es egoísta, es una forma de sentirse poderoso, cuando en realidad, eres un enano incapaz de salir del infierno. El odio es apego emocional, buscas llenar tu vida detestando a alguien, que quizás ni te hace caso. Vive sin rencores porque vas a vivir mejor.

Si prestas atención a tu potencial, vas a sufrir. ¿Sabes la razón? Porque no te darás cuenta de todo el poder que tienes, para tener una vida maravillosa, ya que estás buscando entretener tu vida con cosas externas. No puedes estar perdiendo el tiempo en lo que tu no controlas, debes invertir tu tiempo en estar en tu locus interno. Enfócate en las cosas que están en tu zona de influencia. Si vas a equivocarte en esto, que sea ahora. Así aprenderás de forma inmediata y no arruinarás tu éxito, que tanto te espera con los brazos abiertos.

Evita el estrés, que te produce el hecho de tener tu foco puesto en un mal objetivo. Si te llega a pasar esto, cambia tu objetivo por uno que puedas alcanzar. Cámbialo y todo cambia. Escribe tu objetivo en un papel, léelo y visualízalo cada día, para que recuerdes en que dirección vas y nunca

El camino hacia el éxito

pierdas tu foco. Ocúpate de tus cosas y no te metas en problemas. Cuando otros estén con crisis en sus vidas, tú estarás ocupado en tu éxito.

¡Eres el creador de una vida, que tiene hambre de victoria!
- Decide lo que quieres, obsesiónate y ponle emoción.
- Visualízalo y enfócate. En la dirección de tu foco, va la energía.
- Ten razones para conseguir lo que quieres.

La magia sucede cuando haces estas cosas…

Sabes muy bien, que las personas de éxito definen sus metas. En el mundo siempre habrá gente mejor que tú, por eso debes apuntar alto. Busca hacer más progreso que ayer, compárate contigo mismo. Una vida sin propósitos y sin metas, no es vida.

Por eso quiero darte otra herramienta, que quiero que uses en tu vida, que te ayudará a poner de forma clara tus objetivos, que te llevarán al éxito que mereces.

<u>OBJETIVOS DE LOS PRÓXIMOS MESES:</u> Marca tu camino al éxito, alcanza tus metas y ve como poco a poco te vas superando. Empieza por el mes en que te encuentras ahora mismo.

El camino hacia el éxito

MES	OBJETIVO
ENERO	
FEBRERO	
MARZO	
ABRIL	
MAYO	
JUNIO	
JULIO	
AGOSTO	
SEPTIEMBRE	
NOVIEMBRE	
DICIEMBRE	

OBJETIVOS ANUALES: Aquí pondrás tus objetivos de una forma más general, estos deben ser los resultados de las acciones que tomas día a día.

	OBJETIVOS ANUALES
...ABILIDADES QUE QUIERO ADQUIRIR	
...JÉ VOY A CREAR, POTENCIAR, ...OMENZAR	
...BJETIVOS PROFESIONALES Y ...NANCIEROS	
...ORMACIONES QUE VOY A REALIZAR	
...BJETIVOS PERSONALES	

¡MUY BUEN TRABAJO! Quiero felicitarte por lo que has logrado hasta ahora. Estás ya casi fuera del infierno, faltan unos detalles que debes saber, para empezar a tomar el camino del éxito. Siéntete orgulloso, lo estás logrando, estás transformando tu vida.

"Los líderes pasan el 5% del tiempo en el problema y el 95% del tiempo en la solución". — Tony Robbins.

En este capítulo aprendiste que:
- Perdemos el tiempo en cosas que no son importantes.
- Recuerda que tú estás contigo las 24 horas del día, los 7 días de la semana. Naces contigo y mueres contigo. Por lo tanto, solo tú te puedes sacar del infierno, solo tú

puedes conseguir el éxito.

- La prioridad en tu vida eres tú... No es egoísmo, es amor propio.
- Amor propio es cuidarte a ti mismo, es entender que tú debes desarrollarte como persona, para ser un referente para los demás.
- Tú debes tener una obsesión: CONSEGUIR TUS OBJETIVOS.
- Pon toda tu atención en lo que quieres, pon toda tu energía, explota tu potencial y usa todos tus recursos.
- No cometas el error de olvidarte de la persona más importante en tu vida: TÚ.
- Trabaja en lo que debes mejorar.
- FOCO = PODER.

Ya casi lo tienes, estás viendo la luz del mundo fuera del infierno, estás a punto de entrar en el camino del éxito. En este momento, estás viendo los resultados de tu transformación. Quiero que me sigas, para darte algunos consejos, para que vivas una nueva vida.

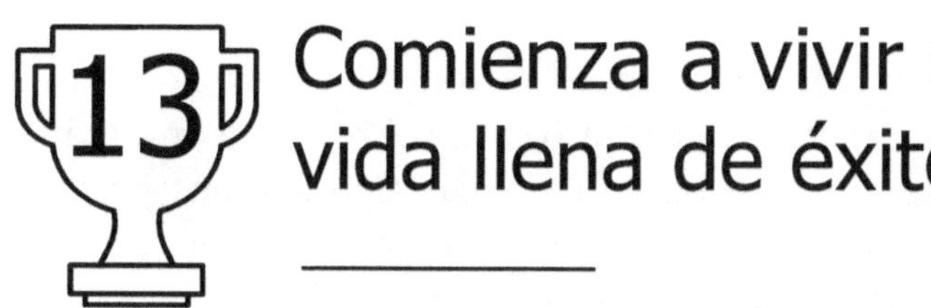 Comienza a vivir una vida llena de éxitos

Estás ya en el último paso para salir del infierno, vas a comenzar a vivir una vida completamente distinta. Tu comportamiento ahora, debe ser como el de un referente, debes ser como si fueras Elon Musk, Steve Jobs, Michael Jordan, Marc Marquez, etc. ¿Sabes que tienen estas personas en común? Siguen compartimientos que los lleva a sus objetivos. Se levantan por las mañanas y empiezan a vivir su día como si fuese la última oportunidad que tienen, para conseguir sus metas. Tienen claro a dónde van y qué es lo que deben hacer. Lo más probable, es que tú hasta ahora, has venido levantándote cada mañana sin ganas de vivir la vida, quieres quedarte en casa, no quieres exigirte, entre muchas otras cosas. A todos en un punto de nuestras vidas nos ha pasado; el único momento donde nos despertamos sintiéndonos libres, es cuando estamos de vacaciones. De resto, todo es un calvario. ¿Sabes lo que te digo?

Ahora te voy a dar una serie de consejos, que en los siguientes libros, iremos valorando la importancia de estos y cómo influyen en tu vida. En los siguientes tomos, veremos

El camino hacia el éxito

ejemplos prácticos que aplicarás todos los días. Por ahora, quiero que tengas una idea básica sobre cómo empezar a vivir la vida fuera del infierno. Te daré algunos consejos muy prácticos que te van a funcionar, te darán mayor claridad, para manejar las situaciones que se te presenten.

Los grandes deportistas, líderes, empresarios, saben que su vida es maravillosa. Que no pueden desperdiciar su tiempo y que deben cumplir con su misión. Muchos piensan que personas como Warren Buffet, viven una vida llena de estrés. No es así, gente como él sabe cómo gestionar su vida y saben que hay un momento para hacer cada cosa. Claro que tiene grandes responsabilidades, pero él no deja que estas responsabilidades le quiten la calma. La cosa está en que nos hemos dejado influenciar tanto, que cada día para nosotros es un infierno. Pensamos que la vida es mala y que merecemos morir. No valoramos lo que tenemos.

Ahora tú comenzarás a amar tu vida, vas a valorar todo lo que tienes y lo que vendrá a ti. Así que para empezar, quiero que me acompañes, a ver como grandes personas de éxito, manejan sus vidas desde que abren sus ojos por la mañana.

Luego te guiaré un poco, en las formas como debes relacionarte con los demás. Esto lo hemos visto a lo largo del libro y lo seguiremos viendo en las siguientes entregas, de forma más practica para tu vida cotidiana. ¿Te acuerdas cuando hablamos de los hábitos? Pues ahora verás cómo puedes empezar a implementarlos, vas a ver que personas

muy galardonadas, le ponen un gran cuidado a esto y procuran tener hábitos que los lleven a donde quieren ir. Recuerda como te dije antes, los hábitos son como trenes que te llevan a un destino.

Empezando el día

Quiero hablarte un poco sobre Gary Vaynerchuk. Él es un empresario estadounidense, elegido cuatro veces como autor best seller, por el New York Times. Es reconocido por ser uno de los mejores expertos de marketing digital. Sus videos sobre marketing y motivación, son virales en redes sociales como Instagram y YouTube. ¿Qué es lo que hace al levantarse cada mañana?:

- Se despierta a las 6 am.
- Lee las noticias.
- Abraza a su familia y sale a trabajar.

Tenemos al grandísimo Tony Robbins. El orador de desarrollo personal más reconocido en el mundo, autor de varios best sellers; conocido por sus eventos donde asisten miles de personas, de todos los países del mundo. Ha llegado a asesorar a personas como Bill Clinton, Nelson Mandela y Donald Trump. En su documental, *"I am not your guru"* se ve un poco su rutina de las mañanas:

- Ejercicios de respiración.
- Ducha fría.
- Dar las gracias.

El camino hacia el éxito

13

- Rezar.

Por otro lado, tenemos al gran Richard Branson, dueño del grupo Virgin, uno de los empresarios que tiene intenciones de hacer viajes especiales. Branson, también es conocido por ayudar a causas benéficas. Su historia personal me inspira muchísimo, ya que a pesar de no ser un buen estudiante y tener dislexia, ha logrado construir un gran imperio. Es un hombre muy simple a la hora de despertarse. Se levanta de la cama apenas sale el sol y comienza a nadar por su isla.

Estos hábitos mañaneros, puedes comenzar a aplicarlos en tu vida. Mira como otros, que ya han logrado construir imperios, hacen esto. Ahora mira, la forma de vivir de las personas, que no han hecho sus sueños realidad. ¿Ves la diferencia? La gran mayoría, solo se despiertan, se dan una ducha y se dejan llevar el resto del día en piloto automático. No quiero que te pongas excusas de: *"Tengo que trabajar"*. Aprovecha que tienes este libro en tus manos y comienza a ser diferente. Otros hábitos que te recomiendo, que comiences a implementar en tu vida y que yo también hago, son:

- Meditar.
- Salir a trotar.
- Escuchar audiolibros.
- Afirmaciones (Yo soy riqueza, yo soy poderoso, yo soy amor, yo soy salud).
- DESAYUNO SALUDABLE.

El camino hacia el éxito

¿Por qué hago énfasis en todo esto? Porque es lo que permitirá, que lleves un buen ritmo de vida. Si eres una persona con negocios, tú debes durar más que tus competidores. Cuando ellos estén sin energía, tú debes estar innovando, comiéndote el mundo y haciendo que tus ingresos crezcan cada vez más. Estas personas de éxito de las que te he hablado antes, procuran ser los mejores en lo que hacen y saben que deben empezar bien el día, para poder llevar una buena vida; llena de éxitos y glorias, que iluminen al resto del mundo.

Con respecto a las afirmaciones, es algo que te mostraré más adelante, cuando ya estés en el camino del éxito. En los próximos libros, te pondré ejercicios que he descubierto, que cambiarán tu forma de pensar, cambiarán tu comportamiento y harán que estés más cerca de conseguir tus metas. Por ahora, quiero que tengas una idea básica; y que todos los días te digas a ti mismo, que eres un ganador, una persona segura, un gran atleta, una persona millonaria, etc. Repítete a ti mismo cosas bonitas, siéntelo, vívelo y sal a conquistar al mundo.

Consejos para emprendedores.

- **Visualiza a dónde quieres llegar:** Cada día haz el ejercicio de visualizar, cómo sería tu vida con la meta obtenida. Por ejemplo, si deseas un coche nuevo, visualiza cómo lo conduces, su color, como suena, el paisaje de la vía. Llena tu mente de cada detalle, esto lo viste en las

meditaciones que te puse de ejercicio. Visualiza aquello que quieres, como si ya lo tuvieras, haz como si eso ya pasó. No lo visualices como algo que quieres tener, visualízalo como algo que tienes.

- **Olvídate de lo fácil:** Deja de pensar que todo en la vida se consigue sin esfuerzo y sin transformación. Muchas personas, quieren encontrar la respuesta o la solución, sin antes transformar sus vidas. Lo quieren todo resumido y gratis. Son los mismos, que no están dispuestos a pagar el precio del éxito, no salen de su zona de confort y siguen viviendo en el infierno. Debes tener claro, que la vida en sí, no es tan difícil como dicen algunos. Tú con tu potencial, con tu acción y habilidades, puedes facilitar las cosas enormemente. Puedes hacer que el proceso sea más llevadero y que no tengas que sufrir tanto, pero ten claro, que no todo va a ser color de rosa, si deseas lograr tus metas. Solo los que están comprometidos de verdad con el éxito, logran lo que quieren. ¿Estás comprometido? Pues eres el indicado.

- **Da siempre lo mejor de ti:** Da todo en todo lo que hagas. No te quedes a medias, ilumina al mundo con tu grandeza. Estás aquí para dejarte la piel y demostrar que eres un guerrero. Por ejemplo, si vas a desarrollar contenido que usarás para tu estrategia de marketing, aplica todos tus conocimientos, hazlo lo mejor que puedas. Aplícalo en todas la áreas de tu vida, come lo más saludable que puedas, ama a tu pareja de la mejor manera posible. Si eres un atleta, deja tu alma en el terreno de juego. Da el 100% de ti ,si quieres conseguir lo que anhelas.

- **Utiliza bien tu tiempo:** En el capítulo anterior, viste que debes enfocarte en las cosas importantes. También te di herramientas, para que planifiques tu día a día y comiences a vivir una vida diferente. Haz las cosas por orden de prioridad, no desperdicies tu tiempo, en cosas que no merecen la pena, en personas que no merecen tu atención y en asuntos que no te harán alguien de éxito. Si tienes empresas, debes saber gestionar bien tu tiempo, para lograr cumplir los objetivos del negocio, debes finalizar las cosas, no querrás que se te haga tarde y que tu competencia se te adelante.

- **No esperes que siempre alguien te saque de los problemas:** Crecimos con la ayuda de nuestros padres; ellos nos dieron todo lo que podían, estuvieron con nosotros y lo más importante, nos sacaban de los problemas. Acuérdate, que viniste solo al mundo y que eres tú quien te llevará al éxito. Muchas personas están acostumbradas, a que alguien les resuelva la vida, que su pareja haga todo y no saben cómo afrontar ciertas dificultades, cuando están solos. Cuando sales de la zona de confort, eres tú quien debe cambiar. Cuando eres el líder de una compañía, eres tú quien la llevará a la gloria o la quiebra. ¿Acaso piensas que alguien va a solucionar el desastre que has hecho? Tú te metiste en

El camino hacia el éxito

ese hueco y tú te vas a sacar de ahí. Es así de simple. Acostúmbrate a manejar el timón de tu barco.

- **Piensa en el resultado, pero enfócate en el proceso:** No pierdas el tiempo, fijándote en lo doloroso que puede ser el proceso, debes pensar en todo lo que vas a ganar y que tu vida va a ser mejor. Cuando te digo que te enfoques en el proceso, me refiero a que lo disfrutes. Es en el camino al éxito, que te haces grande, en el proceso de conseguir lo que quieres, adquieres nuevas habilidades, eres más capaz, aprendes muchas cosas. Si solo piensas en el resultado y no prestas atención cuando tu proceso está siendo un desastre, no conseguirás nada en esta vida.

- **Aprende a levantarte:** Habrá momentos difíciles, donde querrás tirarlo todo por un barranco. Llorarás tanto, que pensarás que todo se ha acabado, que tu futuro es morir. Es en momentos así, cuando suceden cosas grandiosas, cuando te conviertes en un ave fénix y te levantas. Una vez te levantas, mejoras como persona y llegas a estar mejor de como te encontrabas. Levantarse es un acto de grandeza, es saber que no se ha terminado esto y que queda mucho por delante. Levantarse es una muestra de amor propio, de que quieres lo mejor para ti y que no vas a parar hasta alcanzar el éxito.

"Si intentaste algo nuevo, no cuenta como equivocación. Punto." - Daniel Habif.

- **No quieras abarcarlo todo:** El error que cometen muchas personas, al empezar a emprender, es querer hacer todos los negocios que encuentran. Quieren hacer marketing de afiliados, abren una tienda online, investigan sobre inversiones bursátiles, etc. Está bien buscar diferentes fuentes de ingreso, como también está bien aprender mucho. Pero lo propio, es que pongas tu foco en algo en específico, trabaja en ello hasta que eso te de dinero de forma automática y luego prueba con otra cosa. Por ejemplo, puedes tener una tienda online, al principio harás todo tu solo, pero luego de un tiempo, cuando ya tu tienda es conocida y vendes todos los días, puedes empezar a montar otro negocio. No te saltes los pasos, no puedes correr si no sabes caminar.

- **Cumple las promesas:** ¿Sabes qué es triste? Haberte prometido que ibas a darlo todo y ni siquiera lo intentaste. Cumple con lo que te propones, porque tu autoestima se verá reforzada, te sentirás mejor y te lo agradecerás enormemente. Si te prometiste, que ibas a trabajar todos los días, en mejorar tu agencia de marketing, hazlo. Si prometiste a tus seres queridos que dejarías de fumar, DEJA DE FUMAR. Sé una persona de palabra, que los demás se acuerden de ti, como una persona que cumple lo que dice. Cumple con tus objetivos y cumplirás con tu propósito. El acto de estar escribiendo para ti, hace que yo cumpla con mi objetivo: ayudar a más personas. También cumplo con mis seres queridos, que me brindan su apoyo y cumplo con las personas que me

brindan su ayuda, para hacer esto realidad.

- **No te confíes pensando que ya obtuviste todo:** Las personas que nunca tuvieron éxito en su vida y al fin logran tener éxito en algo, cuando llegan a ese punto de grandeza, deciden dejarlo todo. Dejan de ser los ganadores que eran, dejan de quererse, cuidarse, crecer y dejan de hacer todo lo que los llevó a ser personas de éxito. Son como las personas que ganan la lotería y lo pierden todo. Una cosa es tener avaricia, pero otra muy distinta es seguir creciendo. Tú debes seguir creciendo hasta que te mueras, no te confíes, mira ahora las nuevas cosas que puedes hacer. Ayuda a las personas que merezcan ayuda, da amor, deja un legado, construye un imperio. No seas conformista, porque si te conformas, vas a caer de nuevo en el infierno.

- **Mantente atento al crecimiento de tu negocio:** No debes ser un burócrata, que pierde el contacto con sus clientes y mueren de popularidad. Tú debes estar liderando tu negocio, debes estar siempre pendiente de lo que está pasando, de cómo tu negocio se está desarrollando. No dejes las cosas al azar, que cuando quieras darte cuenta, ya estás en la quiebra. Vigila que todos siguen la visión y que están cumpliendo los objetivos. Involúcrate en cada fase y no dejes morir todo el trabajo que has hecho.

- **Ten ojo para el talento:** Como emprendedor, debes tener el hábito, de estar buscando gente que pueda ayudar

en tu negocio. Para esto, debes tener la mente abierta, observar tu entorno y ser una persona que conecta con los demás. Cuando vas a otros lugares, mira como la gente te trata y pregúntate si te gustaría trabajar con personas así. Cuando era más joven, yo miraba lo que hacía mi padre en la academia de fútbol que teníamos. Nos gustaba estar siempre buscando a personas con talento, que pudieran trabajar con nosotros y que ayudaran a dar una mejor formación. Buscamos siempre tener a los mejores preparados como arqueros, agentes de jugadores, fisioterapeutas, psicólogos y periodistas. Esto se quedó tan impregnado en mí, que cuando voy a otros sitios, me imagino por un momento que soy el dueño del negocio y me pregunto: ¿Cómo manejaría a mi personal? ¿A quiénes contrataría? Desde niño me gusta estar rodeado de un buen equipo, que genere sinergias y seamos capaces de innovar.

- **Da una solución:** Uno de los conceptos claves, en el mundo de los negocios, es saber tu nicho de mercado. Procura que como emprendedor, estás dando la solución a un problema. Brinda un servicio único, que la gente te prefiera a ti en vez de a otro. Las cosas cambian un poco cuando eres un inversor, pero incluso así, es bueno saber como manejarte en estos temas. El mundo está lleno de problemas y tú puedes ser el que le dé la solución a muchas personas. No cometas el error de promocionar algo que no tiene valor, que no ayuda en la vida de otras personas. Busca productos que den una mejor calidad de vida, mayor estatus, bienestar, etc. Esto es así en tu

El camino hacia el éxito

vida, en vez de quejarte de tu situación, debes estar siempre solucionando tus problemas y avanzado en el camino del éxito.

- **Siempre estudia los datos de tu negocio:** ¿Qué cosas hace un CEO de una compañía? Los empresarios de verdad, están siempre mirando los números de su negocio, ven cómo van las ventas, para así progresar y cambiar aspectos de la compañía. ¿Cómo vas a hablarle a tus inversores, si no sabes como va tu compañía? Sé responsable con el progreso de tu negocio, lidera con el ejemplo, para que otros vean que estás comprometido con trabajar bien.

- **Proyecta constantemente una visión sobre a dónde vas:** Busca a donde quieres ir y cómo lo vas a lograr. Vende tu visión al público y a tus empleados.La visión es el foco del negocio, muestra hacia donde va. Este en un concepto propio del mundo empresarial, pero podemos llevarlo perfectamente a nuestras vidas. La visión de una empresa, es una declaración/manifestación, que indica hacia donde se dirige una empresa o que es aquello en lo que pretende convertirse en el largo plazo. Esto lo puedes hacer contigo mismo, puedes escribir en un papel ahora mismo, una declaración de a donde te diriges y en quien te quieres convertir. Te encontrarás a ti mismo y verás las cosas con mayor claridad. Te recomiendo que lo hagas. Podemos ver también, ejemplos de visión en el mundo empresarial. Apple: Hacer productos de calidad

y poner foco en la innovación. Google: Proporcionar acceso a la información del mundo en un solo clic. Una persona/empresa sin visión va de camino al infierno.

- **Mantente constantemente enfocado en la siguiente estrategia:**

CRECIMIENTO

- Te pongo este gráfico, para que lo veas de una forma más visual. Tú debes estar siempre mejorando tu empresa, para desarrollar la siguiente estrategia. Puedes ver que aquí, tenemos el crecimiento lineal y el exponencial. El lineal, son las bases de tu compañía, procura que los empleados dentro de tu compañía, están operando bien, cumplen con los objetivos y hacen que el negocio

El camino hacia el éxito

trabaje de forma fluida. Debe haber un buen desarrollo empresarial, esto es la creación de valor a largo plazo para una organización, a partir de clientes, mercados y relaciones. El crecimiento exponencial, es que tan lejos puedes llegar, aquí debes liderar con el ejemplo, estar atento de que tu equipo esté en la sintonía correcta y que trabajen en las nuevas cosas que harán y sacarán al mercado. Esto nos lleva a la innovación, debes estar pensando en la próxima estrategia que aplicarás, con tu nuevo servicio o producto. Por ejemplo, Tesla, piensa en cuáles estrategias va a aplicar con sus nuevos coches, buscan la forma de mostrar al mundo, como funciona el piloto automático, etc. Recuerda que, cuando uno no crece, está muriendo. Que no se te olvide.

- **Ejercítate:** Si no tienes energía, te van a ganar. Adquiere el hábito de hacer ejercicio y foméntalo con todo tu equipo. Haz que tengan un estilo de vida saludable. Si ahora mismo, estás emprendiendo solo en el camino del éxito, no te preocupes, enfócate bien en estar bien, en tener toda la energía posible para cumplir tus metas. Allí afuera hay otras compañías, que tienen bastante energía y que te van a ganar si no estás activo. Así es en la vida, si no tienes la energía necesaria para tener éxitos en tu vida, el infierno te va a comer.

Tu entorno.

Este es un tema que quiero tocar en las siguientes entregas, sobre todo verlo desde un punto de vista más practico, para

que comiences a trabajar en esto. Aun así, es importante que sepas ahora mismo, algunos puntos claves, que te van a ayudar a entrar de lleno al camino del éxito. ¿Te acuerdas cuando hablamos de derrotar a los monstruos del infierno? ¿Es verdad que muchas decisiones que has tomado, se han basado en lo que otros te han dicho? Pues déjame decirte lo siguiente: Las personas de las que te rodeas, tienen un gran impacto en tu vida. El ambiente en el que vives, es más importante que una herencia de dinero que te deja un familiar, incluso expertos como Bob Proctor, aseguran que las personas de nuestro entorno, tienen más importancia, que los genes con los que nacemos.

Con tu progreso y pensamientos, atraes gente maravillosa que sumarán a tu vida. Creas o no, el pensamiento de otros, entra de una forma u otra en nuestra mente. Debes juntarte con personas que están haciendo sus sueños realidad. No puedes juntarte con quienes solo ponen peros en su vida y que se quejan de todo. Créeme, las personas que se quejan de todo lo que ven, son un gran agobio. En vez de juntarte con personas que se ponen excusas, júntate con personas creativas, que buscan innovar y que no paran de tener nuevas ideas. Reúnete con personas que evitan dejarse llevar por la marea y que se ponen metas para cumplirlas.

EJERCICIO: Mira a las 5 personas con la que pasas más tiempo. Pregúntate: ¿Quiero que mis hijos sean como ellos? Si la respuesta es que no, es que esas personas no aportan a tu vida.

El camino hacia el éxito

1. Rodéate de personas cuyo objetivo sea alcanzar el éxito.
2. Que tengan éxito.
3. Tú también debes ser una persona de éxito o estar en ese camino.

Es un poco difícil empezar a hacer este cambio de relaciones en tu vida. Pero te lo digo desde mi experiencia personal, vas a ver que esto va a beneficiarte mucho en tu vida. Aporta valor a esas personas, sé agradecido del valor que te están aportando.

Puedes empezar por, no dedicarle tanto tiempo a aquellos que no van buscando el éxito en sus vidas. No hace falta que seas un radical, que dejes de hablarles a todos de la noche a la mañana. Pero sí que debes empezar, a tomar conciencia de esto y tener cuidado de las personas con quienes te estás rodeando. Todas las especies de este planeta compartimos algo en común; la calidad de nuestra vida, está determinada por nuestro ambiente. ¿Quieres ser una persona diferente a la que has venido siendo? Por eso estás aquí, para transformar tu vida, para que tu familia vea lo grande que eres. Es decir, no dependes de la aprobación de otros, pero si tienes la oportunidad de iluminar la vida de los demás, hazlo. <u>Lidera con el ejemplo</u>. Por eso es sumamente importante, que te asocies con el tipo de gente que te gustaría ser. Haz buenos amigos, que estén contigo en los momentos difíciles y también en los de gloria.

Quiero darte un secreto, que te revelaré más a fondo en las siguientes entregas: Los libros están ahí para algo. Gracias a

El camino hacia el éxito

los libros, puedes aprender de las mejores personas de éxito, desde cualquier parte del mundo.

¿De qué te sirve estar con gente mediocre? ¿De qué te sirve estar leyendo revistas sociales? **Eres la media de las 5 personas con quienes te juntas. ¡Así que ya sabes!**

No a todas las personas le vas a caer bien, no todos te quieren ver feliz y que vivas en tu mejor versión. Hay personas que se alegran, cuando ven a alguien caer. Por eso, ellos viven eternamente en el infierno. Sé fiel y haz un buen equipo con las personas que quieren lo mejor para ti, que quieren que seas el mejor y que además te admiran, si llegas a ser mejor que ellos. Tú no necesitas negatividad en tu vida.

¿Quieres personas tóxicas en tu negocio?
¿Qué clase de gente quieres tener en tu negocio?

Un pequeño repaso en ponerse objetivos:

Hemos visto a lo largo de este trayecto, la importancia tan grande que tiene fijarse metas en nuestras vidas. Te he mencionado varias veces, que el progreso es la clave de la felicidad. El hecho de mirar atrás y ver lo que has avanzado, hace que estés orgulloso de ti mismo. Me gustaría, que una vez termines de leer este libro, comiences a ponerte metas día a día, que las vayas cumpliendo y que sepas dividirlas. Cada meta tiene un grado distinto de dificultad y de prioridad. Muchas veces, nos quejamos de la dificultad que puede suponer el diseñar un plan de vida, y no nos damos

El camino hacia el éxito

cuenta, que sin metas no hay plan. Por eso, es bueno ponerse objetivos, porque estos te dan el mapa que necesitas usar, para llegar a donde quieres, en este caso, el éxito.

"Si no diseñas tu propio plan de vida, probablemente caigas en el plan de otra persona. Y adivina qué han planeado para ti. No mucho." - Jim Rohn.

Ahora mismo, eres una persona que ha superado una gran cantidad de obstáculos y que no se deja llevar por la corriente. Vas a diseñar tu plan de vida, sabiendo que hay que cumplir con ciertos pasos, para ser la persona que tanto deseas. Es un proceso donde debes cumplir con todas las fases, no te saltes el proceso porque de lo contrario, no llegarás al éxito. Ten paciencia, las cosas no suceden de la noche a la mañana, todo lleva tiempo y tú siempre estarás tomando acción. Ahora mismo, quiero compartirte varias claves, para que comiences a cumplir con lo que te propones.

En nuestras vidas tenemos distintos tipos de objetivos:
- Rango largo: Estos son nuestros sueños, lo que nosotros siempre hemos querido alcanzar en nuestras vidas. Siempre hay que estar soñando, tu mejor futuro es un sueño que tienes, los sueños inspiran y mantienen vivo tu corazón. No pares de soñar, porque si paras de hacerlo, también mueres y caes en el infierno.
- Rango corto: Estos son los objetivos que queremos cumplir mañana, esta semana o este mes. Son los que construyen nuestra confianza, hacen que nuestros

El camino hacia el éxito

sentimientos de alcanzar la victoria, se hagan más fuertes. ¿Por qué? Porque están al alcance de nuestras manos y nos ayudan a no perdernos en el camino.

- Dentro de estos tipos de objetivos, nos encontramos con varias áreas fundamentales en nuestras vidas, que influyen mucho en nuestro desempeño como personas de éxito.

- Económicos: Esto es lo que nos proponemos con el dinero. Debemos tener objetivos claros, que estén bien planeados. El dinero juega un rol muy importante en nuestras vidas, es una herramienta que nos facilita muchas cosas y que nos permite tener libertad.

- Cosas que quieres: Esto puede ser tener un coche, una casa, en definitiva lo que sea. Haz una lista de todo lo que quieres y todo lo que tienes. Mírala todos los días y cada vez que tengas algo que has querido, celébralo, felicítate a ti mismo. Estamos acostumbrados a que otros nos feliciten, pero no debe ser así, debes felicitarte a ti mismo, darte un abrazo y estar orgulloso de lo que has logrado.

- Desarrollo personal: Puedes tener metas como: ser un buen orador, aprender más, tener nuevas habilidades. Con tu desarrollo personal, atraes cosas positivas a tu vida, no puedes parar de estar constantemente creciendo como individuo, siempre puedes dar más de ti mismo.

Ahora te estarás preguntado: ¿De qué me sirve saber esto?

Es fácil: Necesitas dividir tu planificación de objetivos por

El camino hacia el éxito

sus tipos y de acuerdo a las áreas donde tengan impacto en tu vida. Si no haces esto, es como tener todos los ingredientes para preparar una receta, pero no puedes hacer nada, porque no tienes los pasos a seguir. Aquí tus pasos a seguir son: saber dividir tus metas/objetivos e ir cumpliéndolas paso a paso.

¿Qué hago una vez tengo divididas mis metas?

- TRABAJA EN ELLO: Muchas personas se esfuerzan duro en sus trabajos, pero no trabajan duro en su futuro. Debes saber planear mejor tu futuro; y esto lo logras trabajando en tus sueños, algo que has aprendido en este libro y que seguirás aprendiendo.
- ESCRIBE TUS OBJETIVOS EN UN PAPEL: Estúdiate a ti mismo, midiendo tu progreso. Cuando escribes tus objetivos en un papel, te estás diciendo a ti mismo que vas en serio, que esto no es juego y que no vas a rendirte por nada del mundo. Escribe tus objetivos en el amor, familia, etc. Escribe todos y ve tachándolos, a medida que los vayas consiguiendo.
- EL TIPO DE OBJETIVO Y SU TAMAÑO TE AFECTA: Estos afectan la forma como eres y toda tu jornada diaria. Sé consciente de lo que quieres conseguir, no todo lo lograrás a la primera, algunas cosas van a requerir mayor esfuerzo de tu parte.

Todo lo que vale la pena es cuesta arriba. Debes tener toda la intención de llegar a la cima. No hay personas que

alcanzaron la cima, sin intención de llegar ahí. No hay éxito por accidente. No vas a ver a alguien que diga: *"No se cómo llegue al éxito, no hice nada y mira donde estoy, ilumino al mundo sin hacer nada"* Y en caso de que sientas que has llegado al éxito sin hacer nada, eso no es éxito, eso significa que alguna sustancia que consumes te está afectando.

Al éxito se llega creciendo como persona y trabajando día a día. ¿Sabes cuál es el problema? Que la gente tiene esperanzas muy altas y hábitos muy pobres. Se ponen metas que no son capaces de alcanzar y optan por caer en el infierno. No es que no vayas a alcanzarlas, lo que pasa es que todavía no eres capaz; pero si sigues progresando, vas a poder alcanzarlas. Te pongo un ejemplo: Una persona que está a punto de morir por culpa de su obesidad, no puede pretender que en un mes, estará corriendo en la maratón de Boston. En cambio, una persona que ha estado entrenando mucho tiempo y ha corrido en varias carreras, sí que puede optar por correr una maratón como esta. Si tú comienzas a cambiar tus hábitos, más adelante podrás correr la maratón. No puedes pretender tener éxito si eres pobre de mente.

Muchas personas aceptan la vida miserable que tienen. En cambio, las personas ganadoras, tienen una vida con intenciones y toman decisiones cada día. Son los capitanes de su barco y no aceptan el hecho de ser unos perdedores.

LA REGLA DE 5:

El camino hacia el éxito

- Debes saber lo que quieres conseguir.
- Debes tener la herramienta necesaria.
- Debes estar enfocado.
- Debes ser consistente… Las personas de éxito no son exitosos, porque hacen lo que deben hacer solo de vez en cuando, son exitosos porque todos los días, hacen lo que deben hacer. Lo hacen SIEMPRE, no cuando se sientan bien o tengan la oportunidad.
- Sigue haciendo hasta que lo consigas.

Ahora quiero darte más detalles sobre esta regla de 5, que inventó John Maxwell, uno de los autores más importantes en liderazgo y que ha escrito alrededor de 80 libros.

Una de las cosas que he aprendido de él, es que uno debe tener una regla de 5 con intención. ¿A qué se refiere con esto? Se refiere a que tú estás siempre persiguiendo ser tu mejor versión y que en la medida de lo posible, puedas dejar un legado en este mundo. Cuando no tienes intenciones de hacer algo, no lo haces. Pero cuando tienes una intención fuerte, vas a por ello como un león cuando va a cazar su presa.

REGLA DE 5 INTENCIONAL:

- Crecimiento personal: Hazte mejor cada día. Adapta la filosofía Kaizen: Mejora continua basada en acciones concretas, simples y poco onerosas, que implica todas las áreas de tu vida. Esto también es conocido en el ámbito empresarial, en el área de producción, en este proceso todos los trabajadores están implicados y buscan siempre tener un buen método de gestión de calidad de sus servicios y productos.

Hoy estás creciendo al leer esto, por el hecho de estar creciendo hoy, significa que mañana serás mejor y también tu día será mejor. <u>Trabaja 1 hora diaria en un tema en donde quieres ser mejor.</u> Verás que al cabo de 5 años, serás un experto.

Pregúntate: ¿Qué tan lejos puedo llegar ?

Vive hasta que mueras, no dejes de ser un ganador. Rodéate de personas mejores que tú. Levántate con ganas de comerte el mundo… Si no te despiertas con ganas ¿De qué te sirve despertarte?

- Ten buena actitud: Una buena actitud te ayudará a superar adversidades.
- Sé intenso en tu propósito: ¿Cómo identifico mi propósito?

Pregúntate cuál es tu pasión y cuáles son tus fortalezas. Toma como un hobby las cosas en las que no eres bueno. Enfócate en lo que se te da bien y amas y trabaja en ello.

- Ten intención en tus relaciones: Procura tener relaciones constructivas. Estás hecho de los libros que lees y de las personas que te rodean.
- Ten intención en el significado de tu existencia: El éxito se trata de ti, el significado de tu existencia se trata de otros. Naturalmente somos egoístas, pero para encontrar

El camino hacia el éxito

sentido a nuestra existencia debemos:

- Valorar a los demás.
- Pensar en formas para añadir valor a los demás.
- Hacer cosas para añadir valor a las personas.
- Incentivar a otros a añadir valor a otras personas.

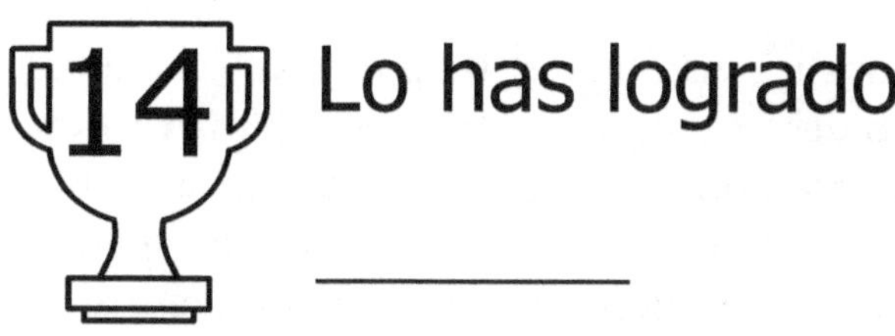

Lo has logrado

Querido/a lector, quiero felicitarte desde lo más profundo de mi corazón porque lo has logrado, saliste del infierno. Al principio de esta aventura, pensabas que esto iba a ser imposible, que no lo ibas a lograr; incluso pensaste en rendirte porque sentiste que era mucho para ti. Muchas veces dudaste de tus capacidades, llegaste a sentir mucho odio por ti, por los demás, por la vida, incluso sentiste odio hacia mí. Comprobaste que salir del infierno no es nada fácil, pero es una alegría hacerlo. Son muchos los beneficios que obtienes, entre ellos, entrar en el camino del éxito, para comenzar a construir la vida de tus sueños, esa que tanto te mereces y que llegará a ti, si haces lo que debes hacer.

Ahora mismo, estás resurgiendo de tus cenizas como un ave fénix. Te prometí que lo harías y aquí estás, eres una persona nueva; tanto es así, que tu familia se siente orgullosa de ti, tienen la fortuna de tenerte cerca. Estás preparado para comerte el mundo entero, no pierdas tu foco y obsesiónate con el éxito, esa debe ser tu mayor adicción.

El camino hacia el éxito

Tú y yo, hicimos un viaje por el infierno dantesco donde vivías. Primero debías enfrentar las voces del infierno, esas voces que te dijeron que no podías, que debías ser uno de ellos. Esas voces por mucho tiempo te mataron, pero tú lograste cambiar el significado de lo que te decían y ahora tienes mucha más energía y motivación, para cumplir tus sueños. Ellos no son más grandes que tú. En realidad, tú eres muchísimo más grande que todos ellos juntos. Son monstruos del infiero que quieren intimidarte, pero tu luz los sofoca y hace que ellos mueran. Sí… En el proceso te quejaste de lo que te ha dicho tu pareja, familia, amigos, etc. Pero ahora, entiendes que ellos son enanos mentales, que no han querido cambiar; tú en cambio, decidiste aprovechar la oportunidad de cambiar tu vida y vivir una mejor.

Todos hemos sufrido en nuestro pasado, eso hace que hoy estemos donde estamos. Si no somos capaces, de tener una buena relación con lo que hemos vivimos y si no somos capaces, de aprender de las cosas que hicimos, nunca podremos progresar. Aprendiste que todo lo que viviste, es una fuente de conocimientos muy poderosa, para ser un gladiador. Personas de éxito como tú, aprenden de sus errores y mejoran, para lograr resultados maravillosos. Ya sabes, que no puedes estar apegado a lo externo, todo está dentro de ti y ahora, le darás las gracias a tu pasado, por haberte enseñado tanto y gracias a él, eres capaz de estar en el camino, de una vida llena de éxitos. No te quedes anclado en lo que viviste, tú desde hoy puedes empezar a escribir una nueva historia.

De niño eras un gran soñador, no te importaba lo que la sociedad podía llegar a pensar de ti, eras una persona con una felicidad enorme, pero con el paso del tiempo, tus sueños fueron muriendo y te fuiste conformando con lo que otros te decían. Dejaste de soñar en grande y comenzaste a ser uno más del montón. Perdiste la energía de vivir, perdiste el corazón de niño feliz. Cuando perdemos la capacidad de soñar, no merece la pena vivir. Cuando dejamos de soñar, nos convertimos en esclavos, perdemos nuestra libertad y se la entregamos a otros, hasta llegar a lo más profundo del infierno. Ahora, ya recuperaste las ganas de soñar, estás comenzando a escribir tus sueños, los estás visualizando y todos los días trabajas en ellos.

No vas a parar, harás todo lo que esté en tus manos y darás lo mejor de ti. De niño querías llegar lejos, luego dejaste de creer en ti, pero ahora creerás en ti siempre. No te conformas, sabes muy bien que el progreso te hace feliz, estás comprometido con las personas que amas, les prometiste que ibas a hacer realidad tus sueños, no puedes defraudarlos y tampoco te puedes defraudar a ti mismo.

Sabes las claves para cultivar nuevos hábitos, que te hagan ser la persona, que va a cumplir con todos sus objetivos.

Poco a poco, fuiste saliendo del infierno y te ayudé a que pudieras empezar a cambiar. Ahora eres una persona diferente, eres único. Estás cómodo en la incomodidad, sabes muy bien, que el crecimiento está fuera de la zona

de confort. Ahora haces cosas nuevas, cosas que nunca pensaste que harías. Siempre es el momento de tomar acción, tú haces que las cosas sucedan. Debes enfocarte en las que están dentro de tu área de influencia, no puedes perder el tiempo en cosas que no te aportan nada bueno. Sabes que el fracaso es un aprendizaje y que en esta vida puedes llegar a caer, pero tendrás que levantarte y seguir en el camino del éxito.

Ahora, vas a planificar tu día a día, para cumplir tus metas, eres una persona que hace las cosas que se propone.

Pasaste de ser una persona que se moría de miedo, a ser una persona que saca su mejor versión, cuando siente miedo. Ya no dejas que el miedo te ponga excusas, ahora es un buen amigo tuyo; cada vez que te habla, le demuestras de qué estás hecho. Sabes ahora, que cada vez que el miedo viene a ti, significa que algo bueno va a pasar, solo debes tomar acción y hacer que tu luz ilumine al mundo entero.

Dejaste de enfocarte en distracciones, para comenzar a enfocarte en lo más importante de tu vida… ¡TÚ! Eres TÚ quien llegará al éxito, luego que llegues ahí, guiarás a otros para que lo logren, pero primero debes ser tú quien llegue, preocúpate por ti. Debes amarte mucho, darte lo que es bueno para ti, no darte lo que te da placer. IMPORTANTE: Recuerda darte a ti mismo, cosas que te acerquen a donde quieres llegar. Dejaste de creer la mentira, de que preocuparte por ti es egoísta, sabes muy bien que si tú no estás bien, no eres apto para ayudar a otros. El foco es poder,

lo necesitas para conseguir tus metas. Estás trabajando en cosas que quieres mejorar y eso permite que te diferencies del resto.

Ahora mismo, estás adoptando la filosofía del crecimiento constante, no vas a parar en tu proceso de ser cada día mejor. Quiero decirte que en el próximo libro, te revelaré cosas que te harán vivir, una vida llena de oportunidades de éxito; te enseñaré formas de conocer a personas que están cumpliendo sus metas, vas a tener mejor salud, mejores relaciones y más prosperidad en tu vida. También te pondré retos, que te van a potenciar mucho. Obviamente, tendrás que hacerlos para ver los resultados, verás que lo que obtendrás será tan maravilloso, que tu cabeza volará por los aires.

Prepárate, porque seguiremos trabajando juntos en ser personas de éxito. Este es un proceso de crecimiento, no te angusties, las cosas van a ir sucediendo y las puertas de la victoria se abrirán.

TIENES UN GRAN ÉXITO, YA SALISTE DEL INFIERNO. Celébralo a lo grande, felicítate a ti mismo, date un abrazo y enorgullécete de lo que eres. Comparte este libro con tu familia y diles que los amas, que has cambiado y que seguirás creciendo, para llegar muy lejos en la vida. Comparte este libro con personas que lo necesiten, es una guía que los ayudará mucho. Yo te he ayudado a ti y ahora es tu deber compartir esto con todos, publícalo en tus redes sociales y

El camino hacia el éxito

cuenta todo lo que te ha ayudado leer este libro.

Gracias por darme tu apoyo, gracias por estar aquí conmigo. Eres mi razón, para dejar este mundo mejor de como me lo encontré, no te voy a abandonar, juntos vamos a llegar lejos.

Eres el héroe de tu vida, el protagonista de tu película, el autor de tu libro. Eres una historia de superación, que no se va a conformar con solo salir del infierno, ahora vas a por más… VAS CON TODO TU PODER.

No te olvides de amar y no te olvides de amarte.

Te deseo lo mejor :)

Meditación para comenzar a vivir una vida llena de éxitos.

El camino hacia el éxito

PARTE IV.
Bonus

Bonus

La gran mayoría de las personas, son víctimas de lo que ellas mismas han hecho. Se enfocan en la mentalidad del que quiere ganar la lotería. Tienen la esperanza de que mañana todo va a ser mejor, sin estar tomando acción. Creen que Dios bajará del cielo y les dará todo lo que quieren. Piensan que por el simple hecho de decir que lo merecen, es que lo merecen. He visto infinidad de personas, que no hacen nada en sus vidas y se ofenden por no tener lo que quieren. No tienen derecho alguno a ofenderse, si no trabajas por tus metas, mereces estar en la miseria. ¿Cómo vas a quejarte de que tal o cual persona tiene más que tú? Si esa persona tiene más cosas que tú, es porque ha hecho cosas que tú no has hecho. En mi colegio, mis compañeros decían que los multimillonarios, no deben tener tanto dinero, que deben dárselo a otras personas.

Me parece una estupidez lo que dicen, esas personas han trabajado muy duro para llegar donde están; se dejaron de excusas, salieron de su zona de confort y construyeron un imperio. Si tú en cambio, no has hecho nada con tu vida,

El camino hacia el éxito

mejor que guardes silencio, en vez de estar contaminando al mundo con una mentalidad pobre.

Tú debes ser una persona con valor, debes merecerte las cosas.
Por ejemplo: Si deseas bajar de peso, debes merecértelo siguiendo una dieta estricta, haciendo ejercicio diario, etc. Al poner en marcha estas acciones, haces que merezcas estar en tu peso ideal. Si en cambio, no haces nada de esto, no estás mereciendo estar en forma.

El dinero es una señal de valor recíproco, cuanto más valor crees y cuantas más personas impactes, más obtendrás. Tu negocio debe crear valor en las personas y debe hacer que otros vivan mejor. Mira a grandes compañías como Apple, venden dispositivos que permiten que las personas desarrollen sus tareas mejor y hacen sentir a los demás más cómodos. ¿Por qué un cirujano gana más que un cajero de un establecimiento de comida rápida? Porque crea más valor. Un cirujano salva la vida de personas, en sus manos está vivir o morir, de él depende el futuro de muchos. Las personas que crean mucho valor, ganan mucho dinero.

MAYOR VALOR = MÁS DINERO

Este mundo es mucho más justo, de como los medios de comunicación lo pintan. Es sencillo: pones el trabajo, obtienes resultados. Te han mentido por mucho tiempo, hablándote de desigualdad, haciendo que te quedes

El camino hacia el éxito

estancado, pero tú ya no estás para esas cosas. Ahora sabes que las personas que merecen más, obtienen más.

Bill Gates, estuvo durante más de 20 años trabajando en su casa, desarrollando el sistema operativo Windows. Obtuvo los frutos de su cosecha, convirtiéndose en uno de los hombres más millonarios de todo el mundo. No tuvo suerte jugando la lotería. Él trabajó arduamente, hasta crear Microsoft, una de las compañías más importantes en todo el mundo.

Estás compitiendo contra ti mismo, no contra otros. Debes ganarte a ti; eres tu mayor competidor en la vida. Enfócate en superarte y ser más valioso día a día.

Las personas que "valen la pena", "que tienen un valor alto", hacen cosas que otros no hacen. ¿Fácil de entender? Ellos invierten en sí mismos, en su salud, alimentan sus mentes, relaciones y cuidan de sus finanzas. Se respetan y se valoran, ellos saben que son unos ganadores.

Aumenta tu valor: Da sabiduría al mundo, trata de que otros dejen de ser ignorantes y comiencen a ser personas exitosas. La ignorancia, viene de cosas que nos han enseñado. Te dijeron que *"Los que no van a la universidad no son inteligentes"*. Los títulos universitarios pueden tener valor o no valer nada. Pero la sabiduría, siempre va a valer, porque serás capaz de aprender cualquier cosa.

Para tener lo que quieres, debes merecerlo. Si tú quieres éxito, debes ser una persona con el suficiente valor, para merecer el éxito. ¿Cómo hago para merecerlo? Ponte retos. Haz los retos que te he puesto en el libro, sal de tu zona de confort y experimenta cosas nuevas.

Michael Jackson, uno de los mejores artistas en la historia de la música, practicaba alrededor de 8 horas diarias, haciendo el mismo movimiento frente a su espejo. Aun siendo el mejor de todos, él seguía practicando para superarse. ¿Cómo no iba a merecer ser el "Rey del Pop", si todos los días daba lo mejor de él? Michael Jordan, el mejor jugador en la historia de la NBA, mientras estaba en la universidad, decidió un día hablar con sus entrenadores, les dijo que él se encontraba muy cansado y que necesitaba descansar ese verano. Sus entrenadores lo comprendieron. A la mañana siguiente, los entrenadores entraron al gimnasio y vieron que Michael Jordan estaba entrenando. En vez de estar descansando como otros, él decidió dedicar su tiempo a mejorar como jugador. Y mira lo que logró, se convirtió en el mejor jugador de todos los tiempos. La constancia traerá frutos a tu vida.

Supongamos, que tenemos delante a un grupo de estudiantes graduados de un MBA. La mayoría de la clase, tendrá éxito en sus aspiraciones. Pero para determinar si de verdad, esas personas tienen un éxito verdadero y valioso, hay que tener más que intelecto y buenas calificaciones.

El camino hacia el éxito

15

Si pudieras viajar al pasado, cuando eras un estudiante de bachillerato y tuvieras la posibilidad de ganar el 10% de las ganancias de un compañero de tu clase, ¿A quién elegirías? ¿Es la persona con mayor coeficiente intelectual o la más talentosa la que triunfa? Piénsalo de otra forma, ¿A quién apostarías para tener el mayor éxito? Diría que no elegirías al estudiante más atractivo o al más talentoso. Tú deberías apostar por el estudiante que tiene energía, enfoque, determinación y pasión. Probablemente, ese estudiante no parece ser el mejor, pero si lo miras en detalle, sabrás que ese estudiante va a llegar a algún lugar en su vida.

Toma esas cualidades y encuentra formas de implementarlas en tu vida. Pregúntate lo siguiente: ¿Cuál estudiante apostarías que va a fracasar? Lo más probable, es que las características de ese estudiante son malas; es irrespetuoso, no le gusta trabajar, no es honesto e íntegro. ¿Tienes algunas de estas malas características dentro de ti? En caso de que sea así, pon tu atención en cambiarlas. Por ejemplo: Si eres tímido o no te gusta comunicarte con los demás, busca oportunidades para comunicarte más con otros.

¿Estás invirtiendo tu tiempo todos los días en ganar más conocimiento? ¿Estás progresando al menos un poco cada día?

Hazte estas preguntas siempre y mide tu progreso. Analiza y observa, si de verdad estás comprometido en ser una persona que brilla por su éxito. Busca cada día antes de

irte a dormir, haber progresado en el camino al éxito, haber adquirido nuevos conocimientos y también haberlos puesto en práctica. ¿De qué te sirve querer ser un ganador, si no haces nada para conseguirlo? Usa tu felicidad como un indicador. Si no estás feliz, es que necesitas cambiar algo en tu vida, ya que no estás haciendo lo suficiente para progresar. Comienza a progresar y ve como todo cambia.

Tú tienes algo especial dentro de ti. Estás aquí, porque sabes el valor que tiene invertir en uno mismo, has comprado este libro, porque quieres salir del infierno, quieres ser una persona nueva y lo estás logrando. Estás aquí, porque tienes un objetivo y un sueño que estás determinado a alcanzarlo. Decidiste hacerte cargo de tu destino y estás comenzando a ver un antes y un después en tu historia; quieres que tu vida haga una remontada épica, donde puedas conseguir la gloria que tanto mereces. Puedes hacer más de lo que te imaginas; ahora mismo no tienes ni idea, de todas las cosas que puedes hacer, tienes el potencial suficiente para dejar huella en este mundo. Eres un milagro, la creación perfecta de Dios, naturaleza o como quieras llamarle. El mundo es un lugar mejor gracias a ti, tu presencia es única; eres de los pocos que logran salir de un infierno dantesco, para comenzar a vivir una vida llena de éxitos. El mundo te está esperando, para que lo ilumines con todo tu brillo, capaz de inspirar la vida de cientos de personas. Tú naciste para ganar, triunfar y dejar un mundo mejor de como te lo encontraste.

El camino hacia el éxito

Pensamos y sentimos, que somos víctimas de nuestras vidas. Me he cansado de oír la frase *"Víctima de sus circunstancias"*. No somos las víctimas, somos los victimarios de un gran crimen, que hemos cometido muchas veces en nuestra historia. Nosotros hemos matado más sueños y virtudes, que las consecuencias y dolores de nuestras vidas. Tú y yo hemos responsabilizado a otros de nuestros problemas, le echamos la culpa al presidente, a nuestros padres, amigos, a la sociedad, es decir, a todos; para así sentirnos más completos, en el enorme vacío interior que tenemos. Queremos sentir que no somos culpables de haber entrado en el infierno. Todo empieza aceptando la realidad, asumiendo la responsabilidad y saliendo adelante, con la cabeza en alto como un gladiador.

No responsabilices a otros de tus desgracias, hazte responsable de tu vida. Tú y solo tú, eres el capitán de tu barco. *Debes saber quien eres, aceptar quien eres y ser quien eres.* Una vez logres hacer eso, tendrás que mejorarlo, hasta que tus propios límites sean rotos. Obviamente, toma tiempo hacer las cosas bien. A mí me tomó tiempo superarme y construir buenas relaciones. Me tomó tiempo aprender, que no puedo estar con cualquiera, que me debo rodear con gigantes y no enanos mentales. Me tomó tiempo entender, que el mundo no se acaba, cuando se termina la relación con la persona que más amabas.

Yo cuando era más joven, salía con una chica antes de venirme a Barcelona. Pensé que iba a ser el amor de mi

vida, para mí ella era mi chica ideal. Cuando no estaba con ella, me sentía solo, tenía cierta dependencia emocional. Yo no tenía la madurez, ni los conocimientos que tengo ahora; todo "fracaso" me lo tomaba a nivel personal y descargaba un odio que mataba mi poder interior. Sí, ella fue un poco mala conmigo; aprendí que no podemos regalar nuestra autoestima a nadie. Nuestra autoestima es de nosotros, no podemos darle la llave a nadie. Mi felicidad giraba entorno a ella, me encontraba viviendo en la cuerda floja. Recuerdo que una tarde, antes de salir a cenar con ella, me llamó por teléfono para decirme, que no quería estar más conmigo, que solo íbamos a ser amigos. En ese momento me quería morir, estaba a menos de 2 horas de ir a cenar con ella y recibo esta noticia de su parte.

Era más inmaduro, pensé que remontaría el asunto como hizo el Barça al PSG. Confiaba en mis capacidades, le di varios regalos esa noche pero nada, absolutamente nada funcionó. Me miró mal, me trató mal y yo me sentía peor. Echaba de menos a mi padrino, él era mi persona de confianza en esas situaciones. Fue la peor cena de todas, ella me rompió el corazón y se llevó una cena gratis. Pensé que mi vida terminaría, pensaba que mi "lucha revolucionaria" llegaba a su fin. No era consciente de que eso era una prueba de la vida, para hacerme más fuerte, para aprender y saber que yo tenía muchas cosas por delante. No me iba a morir allí.

Me tomó tiempo entender que uno debe levantarse, que hay personas que se quedan mirando y hay otras que hacen

suceder las cosas. Yo tomé el mando de mi embarcación y decidí entrar al mar, para ser libre y conquistar mis sueños. Toma tiempo, pero vale la pena la espera, porque llegará un punto, donde deberás mantenerte en la constancia de una mejora continua.

La vida no se trata de aparentar que eres perfecto, de lucir como si lo tuvieras todo, cuando en realidad no tienes nada. La vida se trata de empujarte a vivir los límites de tu propia frontera mental y espiritual.

Van a tratar de destruirte… Se meterán con tu pareja, te molestarán, hablarán cosas falsas de ti y de tu familia. Buscarán todas las formas para romperte, pero tú vas a dar la cara y rugirás como un león.

Si quieres la cúspide, debes saber que la cúspide no es el reto. El reto que debes superar será llegar allí, a la cima, disfrutar y no enamorarte de la vista. No te puedes contaminar del ambiente, deberás bajar de nuevo y cuando estés abajo, vas a tener que volver a subir, con alguien a tu lado. Nadie llega solo a la cúspide. Yo he estado todo este tiempo aquí contigo, guiándote para que salgas del infierno. No soy yo quien te ha sacado, has sido tú quien ha salido. Yo solo he sido la guía, tu fiel compañía, para que dejes tus miedos y veas la persona tan espectacular que eres.

Un sabio dijo en una ocasión, que están los que caminan, los que corren, los que vuelan y los que te enseñan a volar. Lo que importa es el recorrido, porque es ahí donde creces, cuando te haces invencible y llegas a lo más alto de

la montaña. Es donde conoces a más personas y abres las puertas de tu mente. Por muchas dificultades que puedas estar atravesando ahora, quiero decirte que tu vida aún no termina. Cambiamos las cosas por algo más fácil, renunciamos sin que nadie nos lo haya dicho. Pensamos que caer es un error, cuando el error es pensar que no debes levantarte. ¿Sabes que va a pasar si no te levantas? Que cuando el futuro venga por ti, no tendrás fuerzas. Regalaste tu presente mirando al pasado. Decidiste quedarte en tu zona de confort, para buscar placer a corto plazo.

Ya eres lo suficientemente grande, como para caer en semejantes trampas. Entiende, no hay lugar seguro en la vida. Es en la incertidumbre donde vas a poder evolucionar. Decide hoy marcar una ruta, aunque sea algo incierta para los próximos años. Puedes decidir el placer del presente y llegar al naufragio de tu vida. Si es así, habrás perdido la oportunidad de ir a un destino increíble. Con muchos desastres, pero también con momentos de paz, donde finalmente ibas a estar reinando en el mar. Rompe ya las cuerdas que tienen atado tu barco al puerto y empieza a tomar el camino. Nunca detengas tu grandeza. No importa si te mueres intentando llegar al otro lado, no importa si te pierdes, lo que importa es, que es mejor vivir una aventura que una vida aburrida.

"Una vida sin tormentas, es un desierto. Solo los capitanes se hacen en las tormentas." Daniel Habif.

El camino hacia el éxito

Está permitido equivocarse, pero no está permitido renunciar.

Guerrero eres ahora,
Ahora serás invencible,
Inigualable…
Serás luz en la oscuridad,
Paz en la guerra,
Victoria en la adversidad.

La oscuridad tiene miedo a tu luz tan brillante, que deja ciego a algunos. Tu sonrisa puede cambiar al mundo entero, es potente y da esperanzas. SONRÍE, a pesar de todo. Muéstrale a tu mente lo fuerte que eres. Sonríe por que sí. <u>Sonríe porque TÚ eres amor.</u>

Adáptate, sobrevivirás y triunfarás.

"Sí, el cambio es la ley básica de la naturaleza. Pero los cambios provocados por el paso del tiempo, afectan a individuos e instituciones de diferentes maneras. Según el Origen de las Especies de Darwin, no es la especie más intelectual la que sobrevive; no es el más fuerte el que sobrevive; pero la especie que sobrevive, es la que mejor puede adaptarse y adaptarse al entorno cambiante en el que se encuentra. Aplicando este concepto teórico a nosotros como individuos, podemos afirmar que la civilización que puede sobrevivir, es la que puede adaptarse al cambiante entorno físico, social, político, moral y espiritual en el que

se encuentra." - Leon C. Megginson.

Muchas empresas fracasan, otra personas no crecen, porque no son capaces de adaptarse al cambio. Algunos al salir del infierno mueren de éxito, porque no se adaptan a la nueva vida que tienen, no son capaces de asumir la responsabilidad que tiene ser un ganador.

¿Te acuerdas de Kodak?

Dependiendo de tu edad, sabrás de la marca que te estoy hablando. Kodak fue durante muchos años, la marca de cámaras fotográficas más importante de todo el mundo. Yo nací con esa cámara. Iba con mi madre a una tienda, para poder descargar las fotos del carrete. Kodak fue reina en el sector durante 130 años. Parecía que nunca iba a perder el reinado. Era tan grande, que estaba en la lista Forbes, de las mayores empresas de los Estados Unidos.

Empezó el siglo XXI y el infierno de Kodak comenzó a arder. Sus acciones pasaron de valer 30 USD a valer 27 centavos. Kodak como empresa, tenía una misión muy limitada. No supieron adaptarse a la época digital, sus competidores como Nikon, Canon, entre otros, supieron que el método de Kodak se quedaría obsoleto. La gente se cansó de tener fotos en un carrete y preferían tener cientos de fotos, en una memoria pequeña y más práctica. Ahora cualquiera puede tomar fotos desde su dispositivo móvil. Kodak no supo adaptarse a la era digital y terminó fracasando como empresa. Esto también suele pasar con los individuos, van

El camino hacia el éxito

a las universidades pensando que su futuro está asegurado, pero no ven que el mundo está en un constante cambio y que si no son capaces de crecer, terminarán viviendo en el infierno.

Este es un mundo cambiante, mañana las cosas no serán iguales que hoy, por eso cada día debes estar progresando para llegar al éxito y una vez estés ahí, volver a llegar, pero con otras personas. Es obligatorio que seas capaz de adaptarte y de cambiar. Esto es clave para que salgas de tu zona de confort y consigas tus metas. El coeficiente intelectual no lo es todo, este no tiene en cuenta tu adaptabilidad a la vida diaria. Tomemos el ejemplo de la teoría de la evolución, propuesta por el naturalista británico, Charles Darwin. Darwin, definió la evolución como "descendencia con modificación". La idea de que las especies cambian a lo largo del tiempo. Este mecanismo fue, el que Darwin propuso para la evolución de las especies. Según él, debido a que los recursos en la naturaleza son limitados, los organismos con rasgos heredables, que favorezcan la supervivencia y la reproducción, tenderán a dejar mayor descendencia. Lo que los hace más susceptibles a seguir viviendo.

La selección natural, hace que las poblaciones se adapten a su entorno con el paso del tiempo.
Como ves, las especies se adaptan a lo largo de los años, pero tú solo tienes una vida, por lo tanto, debes poder adaptarte rápidamente. Durante tu vida, has sido programado para no cambiar, para no salir de tu zona de confort y quedarte

estancado en el infierno. Nos han enseñado a ver todo en blanco y negro. En otras palabras, éxito y fracaso. No veas una caída como un fracaso, eso es simplemente un experimento en el camino al éxito. No importa lo guapo, fuerte e inteligente que seas, si no eres capaz de adaptarte, morirás.

"Cometo más errores que nadie y termino patentándolos." - Thomas Edison.

El fracaso te acerca más a tu objetivo, hace que aprendas y que tengas más convicción para lograr lo que deseas.

Mira la mentalidad de Thomas Edison, el hombre que creó la cámara de cine y una bombilla incandescente. Él fue un empresario muy importante en su época, en los Estados Unidos. Su filosofía era que con cada "fracaso", cambiaba las cosas una y otra vez, hasta tener éxito. Él lo que está haciendo, es adaptarse al camino del éxito. En los negocios, la adaptación es importante: Las empresas fracasan si se mantienen iguales y no innovan. ¿Ves como compañías como Apple siempre están liderando en el sector? Lo hacen porque están siempre innovando con sus nuevos productos.

Nuestros antepasados, han estado atrapados en la mentalidad de blanco y negro.
No hace mucho, la sociedad pensaba que las personas de raza negra, eran una especie humana de calidad inferior. Hace años, muchas personas pensaban que la tierra era plana y

El camino hacia el éxito

todavía hay gente que piensa eso. Nuestros pensamientos suelen ser de A y B, vemos las cosas entre SÍ y NO.

- *El fracaso es malo…*
- *Debes ir a la universidad para tener un futuro…*

Sentimos el fracaso como algo doloroso, sin embargo, debes hacerte amigo de él, como ahora lo eres del miedo. Ellos te enseñan a ser mejor. Los pensamientos de tus antepasados no deben afectarte, no es necesario ir a la universidad para tener un futuro, como tampoco es malo el fracaso. Debes abrir tu mente y estar abierto a las oportunidades que te regala la vida.

Interpreta como un experimento las cosas que haces. Uno no puede fracasar en un experimento. Si algo sale mal, identificas la razón y haces los cambios necesarios. Esto es un proceso, que cada vez te hace más ganador.

"Prueba, observa, ajusta".

1. Intenta, observa y modifica. Si no obtuviste el resultado deseado, ve al paso 2.
2. Intenta, observa y modifica. Si no obtuviste el resultado deseado, ve al paso 3.
3. Intenta, observa y modifica. Repítelo hasta que las cosas salgan bien.

LA HUMILDAD:
Probablemente estés pensando ahora mismo: *"Claro, yo soy*

una persona muy humilde".

Hay diferentes tipos de humildad, la humildad interna y la humildad externa. Las personas tienen una humildad externa, que muestra a los demás que están en un nivel bajo; lo hacen para quedar bien y por miedo a que los otros, se sientan mal del potencial que tienen. Por ejemplo, le decimos a los demás: *"No soy una persona muy buena, no tengo grandes habilidades".* Con esto lo que haces, es decirte a ti mismo que no eres una persona ganadora y te limitas a lograr tus metas. Deja de ocultar tu brillo y deja el miedo a que otros vean lo grande que eres. No te pongas al nivel de otros.

Las personas que tienen humildad interna, admiten que no lo saben todo y que hay cosas que deben aprender de casi todos; y lo más importe, es que toman acción y se esfuerzan en mejorar. Si TÚ realmente eres humilde, harás todo lo que esté en tus manos, para poder buscar la información correcta que te ayudará en una situación. Leerás, harás cursos y preguntarás hasta llegar a ser un experto, en el área que quieres mejorar. Por ejemplo, si yo quiero mejorar mis habilidades en marketing digital, no me voy a dejar llevar por mi ego; lo que haré será buscar información, para ser bueno en el marketing digital y si tengo que invertir en ello, lo hago. Esto lo aplico a todas las áreas de mi vida, si no sé algo, busco información para aprender y aplicar ese conocimiento en mi vida.

En vez de quedarte diciendo a ti mismo y a los demás, "no

sé", di: "*Voy a aprender sobre el tema*". Aprender es algo bueno, es humilde de tu parte aprender de otras personas y asumir que te falta mucho por crecer. No asumas que lo sabes todo, nadie es dueño de la verdad absoluta. Todos los ganadores tenemos cosas que aportar al mundo. A veces, nos dejamos llevar por el ego y nos envidiamos uno a los otros. Es momento de parar y ver que si nos unimos y aprendemos de todos, podemos ayudar a dejar un mundo mejor.

¿Qué suele pasar?: No mejoramos en lo que no somos buenos, para proteger nuestro ego y ahorrarnos el proceso de tener que esforzarnos en progresar.

Un buen ejemplo de humildad, es Michael Jordan. Aun siendo el mejor jugador de baloncesto del mundo, todavía seguía buscando maneras de mejorar en todo tipo de personas, mentores y entrenadores diferentes. Sus acciones demuestran lo humilde que es y sus ganas de mejorar.

"Mi mayor habilidad era ser buen estudiante. Incluso, si pensaba que mis entrenadores estaban equivocados, todavía trataba de escuchar y aprender algo." - Michael Jordan.

Mira a Sam Walton, el creador de la cadena de supermercados más importante en los Estados Unidos, murió con una fortuna aproximada de 8.6 billones de dólares.

Él lo que hacía, es que iba a las tiendas de sus competidores en distintas partes del mundo, tratando de encontrar

El camino hacia el éxito

15

nuevas formas de administrar su tienda. Era tal su obsesión de querer ser mejor que sus competidores, que se ponía a medir las distancias de los pasillos, al punto que un día, los trabajadores de una tienda en Brasil, llamaron a la policía y Sam fue arrestado. Sam Walton, no dejó que su ego de multimillonario, lo detuviese para aprender como trabajaban sus competidores. Sam Walton, trató de aprender de todos al preguntar, curiosear, escuchar a otras empresas y clientes, y siempre buscó cosas valiosas que pudiera aprender de esas personas.

Las personas humildes hacen lo siguiente:

- Saben que no lo tienen todo resuelto.
- Escuchan más que otros.
- Sacrifican sus egos por información.
- Toman acción.
- Buscan mentores.
- Leen la mayor cantidad de libros que pueden leer sobre un tema.
- Copian y estudian a sus competidores.
- Asisten a seminarios.

Como podemos ver, las personas humildes siempre están aprendiendo, ellos saben muy bien que sin conocimiento no hay éxito. Te recomiendo que lo hagas de forma constante. Veremos este tema en profundidad en el siguiente libro, donde te contaré como el acto de educarme a mí mismo, me ha ayudado a ser mejor. Son nuestras acciones las que

El camino hacia el éxito

demuestran que no sabemos todo, que estamos dispuestos a evolucionar y nos adaptamos al cambio. No digas que eres humilde, demuestra que eres humilde. Nos educaron diciéndonos, que para ser humildes hay que ser pobres. ERROR. Humildad es saber escuchar, humildad es aprender de los demás, humildad es enfocarte en tus metas y progresar.

REGALO PARA TI - PÍLDORAS DE ÉXITO EMOCIONAL:

- ¿Cuántas veces te han dicho que te calmes, antes de vivir una situación de alto estrés? Muchas veces, esto no es de gran ayuda, incluso nos hace más daño. Cuando nos obsesionamos con estar "en calma", nos ponemos en una mentalidad negativa, que hace que nuestro rendimiento empeore, por ejemplo, antes de dar una charla. Lo que deberías hacer, es decirte a ti mismo, que tienes muchas ganas de hacerlo, que vas a afrontar la situación y que darás lo mejor de ti. Incluso, cuando no puedas cambiar lo que está pasando, tú puedes cambiar la percepción que tienes sobre tu entorno; y puedes interpretar tus emociones como algo positivo. Siente que algo bueno sucederá, que a pesar del resultado, aprenderás algo nuevo y tendrás más experiencia.
- Céntrate: El uso de un enfoque sistemático para ocupar la mente y distraerse de los nervios, a menudo puede conducir a una sensación de calma, en escenarios de alta presión. Sigue los 7 pasos para cerrarte y aprende a manejar tus emociones; enfoca tu energía en menos de 10 segundos, hazlo antes de una presentación o reunión.

El camino hacia el éxito

Ten una intención clara: Crea un mantra que sea específico para lo que vas a hacer. Por ejemplo, si vas a hablar ante un público, repite en tu cabeza varias veces: Mi mensaje va a cautivar al público, voy a demostrar lo mejor de mí.

4. Toma un punto focal, mira hacia un sitio en el público, aula o cual sea el lugar donde estés y centra allí tu energía.

5. Suelta tu tensión muscular: estira, relájate y ponte cómodo.

6. Encuentra el centro de tu cuerpo y enfoca tu energía allí.

7. Respira hondo.

8. Repite un proceso que haga centrarte en lo que vas a hacer, salta un poco, muévete.

9. Proyecta tu energía de forma enfocada, haz que vaya directa a lo que estás haciendo.

- Las personas que crean y siguen una rutina bien estructurada, antes de hacer algo como una llamada de ventas o incluso grabar un video, logran mayores niveles de éxito, que las personas que no lo hacen. Cuando te estés preparando para una actividad así, crea una rutina para ti, en donde te centres específicamente en los pensamientos y acciones relacionados con la tarea que vas a realizar.

- Las personas tienden a atribuir importancia, a una acción u objeto que está presente durante una experiencia positiva. Una vez lo consideres, como algo de gran importancia y significativo, puedes incorporar

eso a actuaciones futuras y te conducirá a un mayor éxito. Encuentra una acción u objeto que tenga un significado para ti, e incorpóralo a tu rutina previa al acto que vas a llevar a cabo. Nada es demasiado extraño, usar un poco de superstición, puede llegar a ser útil, siempre que funcione y te de más seguridad.

- Una canción que te motive mucho, puede reducir las distracciones, mejora tu enfoque y te lleva a un rendimiento notablemente mejor, en una variedad de entornos. Elige la más adecuada para el momento. Considera factores como la musicalidad y el ritmo, teniendo en cuenta que el uso indebido o forzado de la música, puede tener un mal efecto en ti, llegando a odiar esa canción o afectando tus emociones.

- Los boxeadores, suelen hacer uso del "trash talking", hablar basura o hablar tonterías. Cuando esto se hace correctamente, motiva al peleador, frena el rendimiento del oponente y aumenta la lealtad de los fanáticos. Encuentra maneras de incorporar charlas ingeniosas e inteligentes a tu rutina. Úsalo para preparar a tu equipo e inspirar tu desempeño, pero ten en cuenta, que puede ser contraproducente dependiendo del momento.

- En entornos grupales, aquellos que lo desarrollan y ejecutan juntos, previo al partido o actividad a realizar, logran niveles más altos de compañerismo y éxito. Cuando trabajes con un grupo, pide a las personas que dejen de lado sus tradiciones personales, en favor de un ritual grupal, bien estructurado e interactivo.

- En situaciones de alto estrés, mientras más expandas

tu confianza, más capaz serás de concentrarte y desconectarte de las distracciones disruptivas. Practica el uso de afirmaciones verbales, para aumentar tu confianza, aumentar tu enfoque y construir una imagen mental del éxito.

- Las charlas emocionales no son para todos. Los equipos experimentados, que están intrínsecamente motivados, se beneficiarán más de las conversaciones animadas y ricas en información, que sus contrapartes menos experimentadas. Comprende el contexto y la audiencia de tu charla motivadora, para medir los niveles correctos de información y resonancia emocional. Concéntrate en crear una mentalidad de crecimiento para tu equipo, que los motive a ofrecer mejores y más exitosas actuaciones.

P.D.: No todas las rutinas funcionarán para todos en cada situación. Evalúa las necesidades, el contexto de tu desempeño y la complejidad de la tarea, antes de decidir cómo prepararse mentalmente. Si lo haces con demasiada frecuencia, diluirá el efecto. Guárdatelo para esos momentos, en que un pequeño impulso marcará una gran diferencia. Todos se beneficiarán de una mejor rutina, previo a realizar la actividad. Las ventajas transcienden los límites en las industrias; y dominar estas técnicas, permite beneficiarse del éxito al saber cuándo y cómo prepararse mejor.

PARTE V.
LAIN

 16 LAIN

LAIN GARCÍA CALVO - EL HOMBRE QUE ME HIZO SER GRANDE.

Apreciado lector/lectora. No puedes irte sin antes leer esto, lo que te voy a contar cambió mi vida y la tuya también puede cambiar.

Eran finales de Octubre del 2018, me encontraba en casa de mi pareja de aquel momento. Ese día entré a su casa y lo primero que hizo fue atacarme, me comencé a sentir perdido y sentía que necesitaba una transformación espiritual. Quería atraer cosas buenas a mi vida, mayor prosperidad, felicidad y hacer milagros en mi vida. Esa noche decidí preguntarle a mi mejor amigo, su opinión sobre la espiritualidad, le pregunté si él creía en algo y si leía algún libro al respecto. En ese momento, me dijo que sí y me envío la foto de un libro llamado: LA VOZ DE TU ALMA, escrito por Lain García Calvo. Inmediatamente, me metí en internet a ver quién era él y de qué trataba su libro. Me quedé sorprendido y supe en ese momento, que yo debía leerlo lo más pronto posible.

El camino hacia el éxito

Esa noche, comencé a preocuparme por mi bienestar espiritual, comencé a hacer meditaciones, a ver el documental llamado "El Secreto" y a indagar sobre cómo atraer prosperidad y abundancia a nuestras vidas. Al principio, tenía miedo de lo que dirían de mí, veía los videos de Lain a escondidas, no quería que otros se metieran conmigo.

Días después, comencé a sufrir una depresión muy grande, pensé que todo se había acabado. Todos los días eran un calvario, lloraba mientras estaba en clase, era muy pesimista, mi energía era muy negativa y eso no me dejaba progresar. Supe que debía hacer las cosas que decía Lain en sus videos y supe que debía leer "La Voz De Tu Alma".

Mi refugio en esa depresión fue Lain, decidí comprar el libro y desde ese día comencé a leerlo. Lo leía todas las mañanas, antes de empezar el día. Tenía fe en que iba a encontrar las respuestas que necesitaba. Lain te dice la verdad, puede llegar a doler, pero él hace lo mejor para ti, lo hace por tu bien. Cada página que leía y cada video que veía de él, me hacían sentir acompañado, sentía como si él me hablase a mí; sentía que lo que él decía iba directo para mí. Cada cosa que decía Lain, me hacía sentir mejor, lograba que yo progresase y dejase todo lo malo atrás. Te recomiendo de corazón, que visites la web www.laingarciacalvo.com para que sepas más, créeme… No te vas a arrepentir.

Las enseñanzas de Lain, hicieron que yo saliera de la depresión. Lo que él enseña, hizo que yo cambiase por

completo; dejé de ser una persona negativa y comencé a ser un ALMA IMPARABLE. Lain hizo que yo conectase con la voz de mi alma, algo que necesitaba en mi vida.
Decidí asistir al evento de Lain. Algo dentro de mí, me decía que cosas muy buenas iban a suceder en mi vida. Y así fue… Ahora gracias a él, he podido escribir este libro. Gracias a él, estoy cumpliendo con mi propósito de vida.

No pierdas la oportunidad de leer, el libro que está cambiando la vida de miles de personas alrededor del mundo.

www.laingarciacalvo.com

Lain, tú significas mucho para mí. Salvaste mi vida, no sé que sería de mí, si no hubieras llegado a mi vida. No sabes lo mucho que me has ayudado. Siempre me digo a mí mismo: "No le puedo quedar mal a Lain, debo hacer lo

El camino hacia el éxito

que él dice". Tú llegaste para salvarme, para hacer que yo tuviera una fe inamovible. Haces que llore de felicidad, que todos los días cumpla con mi propósito de vida. Pasaste por momentos difíciles, y el hecho de saber tu historia, me hizo ver que todo es posible en esta vida. He tenido que atravesar muchas tormentas para poder descubrirte y créeme, ha sido lo mejor que me ha pasado. Tu voz me habla siempre, está ahí en las buenas y en las malas. Simplemente me quedo sin palabras, no sé que decir, me quedo corto con todo el gozo que siento.

Lain, te quiero mucho. Con toda mi alma, te quiero como si fueras parte de mi familia. Me diste la confianza que nadie estaba dispuesta a darme. Te quiero mucho Lain, quiero seguir aprendiendo de ti.

Soy joven y muy afortunado de que seas mi mentor. No te olvides, que me salvaste de la depresión. Yo no quería vivir y tú me convertiste en un alma imparable.

Te doy un abrazo y te digo también: Gracias, Gracias y Gracias, por todo lo que haces.

Te amo.

VIVE UNA VIDA
LLENA DE ÉXITOS
AARÓN CASTRO